KROK ZA KROKEM
POLÉVKOVÁ KNIHA

100 VÝBORNÝCH RECEPTŮ NA KAŽDOU SEZÓNU

Karel Herman

Všechna práva vyhrazena.

Zřeknutí se odpovědnosti

Informace obsažené v této eKnize mají sloužit jako ucelená sbírka strategií, o kterých autor této eBooku provedl výzkum. Shrnutí, strategie, tipy a triky autor pouze doporučuje a přečtení této e-knihy nezaručí, že výsledky budou přesně odrážet výsledky autora. Autor e-knihy vynaložil veškeré přiměřené úsilí, aby čtenářům e-knihy poskytl aktuální a přesné informace. Autor a jeho spolupracovníci nenesou odpovědnost za jakékoli neúmyslné chyby nebo opomenutí, které mohou být nalezeny. Materiál v eKnize může obsahovat informace od třetích stran. Materiály třetích stran zahrnují názory vyjádřené jejich vlastníky. Autor e-knihy jako takový nepřebírá odpovědnost ani odpovědnost za jakýkoli materiál nebo názory třetích stran.

Elektronická kniha je chráněna autorským právem © 2022 se všemi právy vyhrazenými. Je nezákonné redistribuovat, kopírovat nebo vytvářet odvozené práce z této e-knihy jako celku nebo zčásti. Žádná část této zprávy nesmí být reprodukována nebo znovu přenášena v jakékoli reprodukované nebo znovu přenášené formě v jakékoli formě bez písemného vyjádřeného a podepsaného souhlasu autora.

OBSAH

OBSAH..3
ÚVOD..7
1. Polévka z fazolí a chorizo..8
2. Rybí polévka..11
3. Králičí polévka v rajčatech...14
4. Polévka kešu zelenina...17
5. Čočková polévka Quinoa..20
6. Polévka z vepřového masa a fialové sladké brambory....................23
7. Arménská polévka...26
8. Polévka z mořských plodů Baja...28
9. Chřest a houbová polévka...31
10. Polévka z hovězího masa a tequily...34
11. Irská jehněčí polévka..37
12. Irská polévka z mořských plodů..40
13. Hovězí maso a polévka Guinness...43
14. Kuřecí polévka s knedlíky..46
15. Squash & Fazolová polévka..50
16. Kokosová polévka ze sladkých brambor...53
17. Krémová brokolicová polévka...56
18. Kapustová krémová polévka...59
19. Kuřecí polévka a quinoa..61
20. Čočková a fazolová polévka...64
21. Polévka z bílých fazolí a kapusty..67
22. Kuřecí a zeleninová polévka...70
23. Krém z Kale...72
24. Polévka z korálové čočky a švýcarského mangoldu.......................75
25. Podzimní dýňová polévka...78
26. Ječná zeleninová polévka...81
27. Máslová dýně a čočková polévka...84
28. Bílá fazolová polévka..87

29. Těstoviny a fagioli 90
30. Masové kuličky a polévka Tortellini 93
31. Kuřecí Marsala 96
32. Ryba a chorizo polévka 99
33. Španělské Ratatouille 102
34. Gazpacho 105
35. Chobotnice a rýže 108
36. Řepná polévka na ukrajinský způsob 111
37. Ukrajinský boršč z okurky a citronu 115
38. Kyselá nakládaná polévka 118
39. Boršč 120
40. Jahodová/borůvková polévka 122
41. Zelňačka 124
42. Zeleninová polévka 126
43. Rajská polévka 128
44. Nakládaná polévka 130
45. Kyselá žitná polévka 133
46. Polévka z chlazené řepy 135
47. Ovocná polévka 138
48. Bramborová polévka 140
49. Citronová polévka 143
50. Chřestová polévka 145
51. Kedlubnová polévka 147
52. Ukrajinská fazolová polévka 150
53. Go Green Soup 153
54. Thajské kokosové kari Ramen 156
55. Mikrozelená polévka z pečené brokolice 159
56. Rajská polévka 162
57. Seitan Mulligatawny polévka 165
58. Kořeněná zelená polévka 169
59. Polévka z rajčat a tamarindu 172
60. Rajčatová polévka Stock 175
61. Zázvorová polévka Stock 177
62. Zázvorová polévka se sójovým mlékem 179
63. Tonyu vývar 181
64. Miso vývar 183

65. Dashi vývar 186
66. Tonkotsu vývar 188
67. Shoyu vývar 192
68. Shio vývar 195
69. Veganský dashi vývar 198
70. Vegetariánský vývar Kotteri 200
71. Umami zeleninový vývar 203
72. Čirá cibulová polévka 206
73. Dětská ramen polévka 209
74. Nori nudlová polévka 211
75. Ramen sezamová polévka 214
76. Krém z ramen a hub 217
77. Kari nudlová polévka 219
78. Japonská houbová nudlová polévka 222
79. Kuřecí nudlová polévka 224
80. Vepřová polévka Ramen 227
81. Snadná hovězí polévka Ramen 230
82. Rybí polévka Ramen 233
83. Krevetová nudlová polévka 236
84. Ramen polévka s houbami 238
85. Houbová polévka Ramen 240
86. Dýňové kari s pikantními semínky 243
87. Tamarind Fish Curry 245
88. Losos v kari s příchutí šafránu 248
89. Okra kari 250
90. Zeleninové Kokosové Kari 252
91. Základní zeleninové kari 254
92. Fazole Black Eye a kokosové kari 257
93. Kapustové kari 260
94. Karfiolové kari 262
95. Karfiolové a bramborové kari 264
96. Bramborové, květákové a rajčatové kari 269
97. Dýňové kari 271
98. Smažte zeleninu 274
99. Rajčatové kari 276
100. Bílá tykev kari 279

ZÁVĚR..281

ÚVOD

Polévka, volně, je tekuté jídlo, kde se přísady jako zelenina, maso nebo luštěniny (nebo jakákoli kombinace těchto tří) vaří ve vodě, vývaru nebo vývaru, aby se spojily a zvýraznily přízeň pokrmu. Existuje mnoho druhů polévek, od krémové polévky po pyré z máslové dýně, ale hlavní charakteristikou polévky je, že je v ní hodně tekutiny. Víte, že máte polévku, pokud se musí jíst lžící a podávat v misce nebo šálku. Nebo misku na domácí chléb.

1. Polévka z fazolí a chorizo

Porce: 3

Ingredience:

- 1 mrkev (nakrájená na kostičky)
- 3 polévkové lžíce olivového oleje
- 1 středně velká cibule
- 1 červená paprika
- 400 g sušených fazolí fabes
- 300 gramů klobásy Chorizo
- 1 zelená paprika
- 1 šálek petrželky (nasekané)
- 300 g rajčat (nakrájených na kostičky)
- 2 šálky kuřecího vývaru
- 300 gramů kuřecích stehen (filé)
- 6 stroužků česneku
- 1 středně velký brambor (nakrájený na kostičky)
- 2 polévkové lžíce tymiánu
- 2 polévkové lžíce soli podle chuti
- 1 polévková lžíce pepře

Pokyny:

a) V pánvi nalijte rostlinný olej. Vhoďte cibuli. Nechte 2 minuty smažit na středním plameni.

b) Ve velké míse smíchejte česnek, mrkev, papriku, chorizo a kuřecí stehna. Nechte 10 minut vařit.

c) Přidejte tymián, kuřecí vývar, fazole, brambory, rajčata, petrželku a dochuťte solí a pepřem.

d) Vařte 30 minut, nebo dokud fazole nezměknou a polévka nezhoustne.

2. Rybí polévka

Porce: 8

Ingredience:

- 32 oz. může nakrájená rajčata
- 2 polévkové lžíce olivového oleje
- ¼ šálku nakrájeného celeru
- ½ šálku rybího vývaru
- ½ šálku bílého vína
- 1 šálek pikantní šťávy V8
- 1 nakrájená zelená paprika
- 1 nakrájená cibule
- 4 nasekané stroužky česneku
- Podle chuti osolte pepř
- 1 lžička italského koření
- 2 oloupané a nakrájené mrkve
- 2 ½ lb. rozřezaná tilapie
- ½ lb. oloupané a zbavené krevety

Pokyny:

a) Ve velkém hrnci nejprve rozehřejte olivový olej.

b) Smažte papriku, cibuli a celer po dobu 5 minut na horké pánvi.

c) Poté přidejte česnek. Poté vařte 1 minutu.

d) Ve velké míse smíchejte všechny zbývající ingredience kromě mořských plodů.

e) Polévku vařte 40 minut na mírném ohni.

f) Přidejte tilapii a krevety a promíchejte, aby se spojily.

g) Vařte dalších 5 minut.

h) Před podáváním ochutnejte a upravte koření.

3. Králičí polévka v rajčatech

Porce: 5

Ingredience:

- 1 plný králík, nakrájený na kousky
- 1 bobkový list
- 2 velké cibule
- 3 stroužky česneku
- 2 polévkové lžíce olivového oleje
- 1 polévková lžíce sladké papriky
- 2 snítky čerstvého rozmarýnu
- 1 plechovka rajčat
- 1 snítka tymiánu
- 1 šálek bílého vína
- 1 polévková lžíce soli

a) 1 polévková lžíce pepře

Pokyny:

a) V pánvi rozehřejte olivový olej na středně vysokou teplotu.

b) Předehřejte olej a přidejte králičí kousky. Smažte, dokud kousky nejsou rovnoměrně hnědé.

c) Po dokončení jej odstraňte.

d) Do stejné pánve přidejte cibuli a česnek. Vařte do úplného změknutí.

e) Ve velké míse smíchejte tymián, papriku, rozmarýn, sůl, pepř, rajčata a bobkový list. Nechte 5 minut vařit.

f) Přidejte kousky králíka s vínem. Vařte přikryté 2 hodiny, nebo dokud nejsou kousky králíka uvařené a omáčka zhoustne.

g) Podáváme s opečenými bramborami nebo toastem.

4. polévka kešu zelenina

Porce: 3

INGREDIENCE:

1 ½ šálku růžičky brokolice

1 ½ šálku malých růžic květáku

2 lžíce olivového oleje

1 velká nakrájená cibule

1/4 lžičky čerstvého zázvoru, nastrouhaného

2 stroužky česneku, nasekané

Špetka soli

Špetka černého pepře

2 hrnky zeleninového vývaru

1 lžička kmínového prášku

1 lžička kajenského pepře

1 lžíce citronové šťávy, čerstvě vymačkané

1 lžička čerstvé citronové kůry, nastrouhané

1 libra kešu ořechů

INSTRUKCE:

Ve velkém polévkovém hrnci rozehřejeme olej a cibuli na něm restujeme asi 3–4 minuty.

Přidejte česnek, zázvor a koření a restujte asi 1 minutu.

Přiveďte k varu s 1 šálkem vývaru.

Přidejte zeleninu a znovu provařte.

Vařte za občasného míchání 15 až 20 minut pod pokličkou.

Po přidání citronové šťávy stáhněte z ohně.

Podávejte horké s kešu oříšky a citronovou kůrou.

VÝŽIVA: Kalorie: 425| Tuky: 32 g | Sacharidy: 27,6 g | Vláknina: 5,2g | Cukry: 7,1g | Bílkoviny: 13,4 g

5. Čočková polévka Quinoa

Porce: 6

INGREDIENCE:

1 lžíce kokosového oleje

1 žlutá cibule, nakrájená

4 stroužky česneku, nasekané

3 řapíkatý celer

3 mrkve, oloupané a nakrájené

4 šálky rajčat, nakrájených

1 hrnek červené čočky, propláchnuté a okapané

½ šálku sušené quinoa, opláchnuté a okapané

1 lžička prášku červené papriky

5 šálků zeleninového vývaru

2 šálky čerstvého špenátu, nakrájeného

Sůl a mletý černý pepř

1½ lžičky kmínového prášku

INSTRUKCE:

Na pánvi rozehřejte olej a opékejte celer, cibuli a mrkev asi 4-5 minut.

Po přidání česneku restujte asi 1 minutu.

Zbývající přísady přiveďte k varu, kromě špenátu.

Snižte plamen na minimum a přikryté vařte asi 20 minut.

Po přidání špenátu dusíme 3-4 minuty.

Vmíchejte sůl a černý pepř a odstavte z ohně.

6. polévka z vepřového masa a fialové sladké brambory

Výtěžek: 1 porce

Přísada

- ¾ liber vykostěné vepřové panenky; nakrájíme na 1 díl
- 1 emerilovou esenci
- 2,00 lžíce olivového oleje
- 1,00 šálek nakrájené cibule
- ½ šálku nakrájené papriky
- ¼ šálku nakrájeného celeru
- 1 sůl; ochutnat
- 1 čerstvě mletý černý pepř; ochutnat
- 2,00 lžíce mouky
- 1,00 libry fialové sladké brambory; oloupané, na kostky
- 2,00 hrnku telecího vývaru
- ¼ šálku nakrájené zelené cibule
- 1,00 hrnku strouhaných sladkých brambor
- 2,00 lžíce nakrájené zelené cibule
- 1,00 lžíce brunoise červené papriky

V míse promíchejte kousky vepřového masa s Emeril's Essence. Ve velké pánvi rozehřejte olivový olej. Když je olej rozpálený, přidejte vepřové maso a rovnoměrně opečte. Vyjměte vepřové maso z pánve a dejte stranou. V míse ochutíme cibuli, papriku a celer solí a pepřem. Mouku vmíchejte do oleje za stálého míchání asi 4 až 5 minut, abyste získali středně hnědou jíšku. Přidejte cibuli, papriku a celer do jíšky a vařte asi 2 až 3 minuty nebo do mírného zvadnutí. Vraťte vepřové maso na pánev a za stálého míchání opékejte 3 až 4 minuty. Přidejte sladké brambory a vývar.

Tekutinu přivedeme k varu a zredukujeme na mírný var. Vařte 40 až 45 minut. Vmíchejte zelenou cibulku a zkontrolujte koření. Z nakrájených batátů vytvořte hnízda a smažte do křupava. Sezóna s Esence. Polévku nalijte do mělké mísy a ozdobte sladkými bramborovými hnízdy, zelenou cibulkou a paprikou. Tento recept dává ?? recepty.

7. Arménská polévka

Výtěžek: 4 porce

Přísada

- 1½ šálku namočených sušených meruněk
- ½ šálku vody na 1 hodinu.
- ½ šálku namočených sušených fazolí Garbanzo
- Nocleh ve vodě
- 5 šálků vody
- 1 šálek čočky
- 3 cibule nakrájené na plátky
- 2 lžíce sladového sirupu nebo melasy

a) ve velké pánvi přiveďte namočené meruňky a jejich vodu k varu. přidejte namočené, okapané fazole Garbanzo a 1 C. Voda. Přiveďte k varu a vařte 30 minut.

b) Přidejte čočku, cibuli a 4 C. Voda do hrnce. Přivést k varu.

c) Snižte teplotu, přikryjte a vařte asi 2 hodiny, dokud Garbanzos nezměknou.

d) Přidejte sladový sirup. Dobře promíchejte. Podávejte přes hnědou rýži.

8. Polévka z mořských plodů Baja

Výtěžek: 6 porcí

Přísada

- ½ šálku cibule; Nakrájené, 1 střední
- ½ šálku zelených chilli papriček; Sekaný
- 2 stroužky česneku; jemně nakrájené
- ¼ šálku olivového oleje
- 2 šálky bílého vína; Suchý
- 1 lžíce pomerančové kůry; Strouhaný
- 1½ šálku pomerančové šťávy
- 1 lžíce cukru
- 1 lžíce koriandru; Čerstvé, stříhané
- 1 čajová lžička listů bazalky; Sušené
- 1 lžička soli
- ½ lžičky pepře
- ½ lžičky listů oregana; Sušené
- 28 uncí italských švestkových rajčat
- 24 kusů Soft-shell škeble; Vydrhnuto

- 1½ libry krevety; Raw, Shelled, Med.
- 1 libra ryby
- 6 uncí krabího masa; Zamrzlý

a) Vařte a míchejte cibuli, chilli papričky a česnek na oleji v 6litrové holandské troubě, dokud cibule nezměkne. Vmíchejte zbývající přísady kromě mořských plodů.

b) Zahřejte k varu; snížit teplo. Odkryté dusíme 15 minut. Přidejte škeble; zakryjte a vařte, dokud se škeble neotevřou, 5 až 10 minut. (Vyhoďte všechny škeble, které se neotevřely.)

c) Opatrně vmíchejte krevety, ryby a krabí maso. Zahřejte k varu; snížit teplo. Přikryjte a vařte, dokud krevety nejsou růžové a rybí vločky snadno vidličkou, 4 až 5 minut.

9. Chřest a houbová polévka

Výtěžek: 4 porce

Přísada

- ⅓unce Sušené hříbky
- 1 lžíce oleje
- 3 stroužky česneku; mletý
- ½ libry Houby; portobello nebo shitake, nakrájené
- ½ šálku Sherry
- ½ lžičky soli
- 1 libra oštěp chřestu; 1" úhlopříčky
- 1 střední červená paprika; julienned
- 1 lžička kukuřičného škrobu rozpuštěná
- 1 lžíce vody
- 1 lžička octa z červeného vína
- Sůl a pepř; ochutnat

a) Sušené houby dejte do malé žáruvzdorné misky a zalijte vroucí vodou. Nechte 15 minut máčet. Mezitím ve velké pánvi rozehřejte olej na středním plameni.

b) Přidejte česnek a čerstvé houby a za častého míchání vařte, dokud houby nezměknou. Přidejte sherry, sůl a houbovou tekutinu. Přidejte chřest, papriku a sušené houby. Vařte odkryté, dokud chřest nezměkne, asi 7 minut. Přidejte rozpuštěný kukuřičný škrob a ocet. Směs přiveďte k varu a vařte, dokud mírně nezhoustne, asi 30 sekund.

c) Podávejte chřestovou směs přes bylinkovou quinou recept.

10. Polévka z hovězího masa a tequily

Výtěžek: 6 porcí

Přísada

- 2 libry masa
- ¼ šálku nebělené mouky
- ¼ šálku rostlinného oleje
- ½ šálku cibule; Nakrájené, 1 střední
- 2 každýes slanina; Plátky, nakrájíme
- ¼ šálku mrkve; Sekaný
- ¼ šálku celeru; Sekaný
- ¼ šálku tequily
- ¾ šálku rajčatové šťávy
- 2 lžíce koriandru; Čerstvé, stříhané
- 1½ lžičky soli
- 15 uncí fazolí Garbanzo; 1 plechovka
- 4 šálky rajčat; Nakrájené, 4 střední
- 2 stroužky česneku; jemně nakrájené

a) Hovězí maso obalíme moukou.

b) Zahřejte olej na 10palcové pánvi, dokud nebude horký. Hovězí maso vařte a míchejte na oleji na středním plameni dohněda.

c) Hovězí maso vyjmeme děrovanou lžící a necháme okapat. Vařte a míchejte cibuli a slaninu na stejné pánvi, dokud slanina není křupavá. Vmíchejte hovězí maso a zbývající přísady. zahřívat k varu; snížit teplo. Přikryjte a vařte, dokud hovězí maso nezměkne, asi 1 hodinu.

11. Irská jehněčí polévka

Ingredience:

- 1-1½ kg nebo 3,5 lb jehněčího krku nebo plece
- 3 velké cibule, nakrájené nadrobno
- Sůl a čerstvě mletý černý pepř
- 3-4 mrkve, nakrájené na malé kousky
- 1 pórek, nakrájený na malé kousky
- 1 malý tuřín/švéd/rutabaga, nakrájený na malé kousky
- 10 malých nových brambor, oloupaných a nakrájených na čtvrtky, nebo 2 velké brambory, oloupané a nakrájené
- 1/4 malého zelí, nakrájené
- Kytice z petrželky, tymiánu a bobkového listu - svažte provázkem, který můžete nechat
- Kousek worcesterské omáčky

Pokyny:

a) Můžete požádat svého řezníka, aby maso odřízl od kosti a odřízl tuk, ale kosti si ponechte nebo to udělejte doma. Maso zbavíme tuku a nakrájíme na kostičky. Maso vložíme do hrnce naplněného studenou osolenou vodou a přivedeme k varu s masem. Jakmile se vaří, stáhněte ho z ohně a sceďte, opláchněte jehněčí maso, abyste odstranili všechny zbytky.

b) Zatímco se to vaří, vložte kosti, cibuli, zeleninu, ale ne brambory nebo zelí, do nového hrnce. Přidejte koření a kytici bylinek a zalijte studenou vodou. Když je maso opláchnuté, přidejte ho do tohoto hrnce a vařte jednu hodinu. Pěnu budete muset každou chvíli sbírat.

c) Po hodině přidejte brambory a pokračujte ve vaření polévky po dobu 25 minut. Přidejte brambory a pokračujte ve vaření po dobu 25 minut. Během posledních 6-7 minut vaření přidejte zelí.

d) Když je maso měkké a rozpadá se, odstraňte kosti a bylinkovou kytici. V tuto chvíli ochutnejte polévku a poté přidejte worcesterskou omáčku podle chuti a poté podávejte.

12. Irská polévka z mořských plodů

Ingredience:

- 4 malé filety ze štikozubce asi 1lb/500g
- 2 filety lososa jako výše
- 1 kus uzené ryby asi 1/2lb/250g
- 1 lžíce rostlinného oleje
- 1 lžička másla
- 4 brambory
- 2 mrkve
- 1 cibule
- 500 ml / 2,25 šálků rybího nebo kuřecího vývaru
- 2 lžíce sušeného kopru
- 250 ml/1 šálek smetany
- 100 ml/1/2 hrnku mléka
- 4 lžíce najemno nakrájené pažitky

Pokyny:

a) Brambory vezměte a oloupejte a nakrájejte na malé kostičky. S mrkvovou slupkou a nakrájejte na menší kostky než brambory.

b) Z ryby odstraňte kůži, pokud existuje, a nakrájejte ji na velké kousky, při vaření se rozpadne.

c) Do hlubokého hrnce dejte olej a máslo a cibuli, brambory, kopr a mrkev zlehka opékejte asi 5 minut. Nalijte vývar do pánve a přiveďte k varu po dobu 1 minuty.

d) Vezměte víko hrnce a přidejte smetanu a mléko a poté ryby. Mírně dusíme (nevaříme), dokud se ryba neuvaří.

e) Podávejte s ozdobou petrželkou a trochou vašeho domácího pšeničného chleba.

13. Hovězí maso a polévka Guinness

Ingredience:

- 2 polévkové lžíce. olej
- 1 kg rib steaku, dobře oříznutého a nakrájeného na kostky
- 2 cibule, nakrájené na tenké plátky
- 2 stroužky česneku, nakrájené
- 1 polévková lžíce. jemný tmavě hnědý cukr
- 1 lžíce hladké mouky
- 125 ml Guinness
- 125 ml vody
- Snítka tymiánu
- 1 lžíce červeného vinného octa
- 1 lžíce hořčice na dijonský způsob
- Špetka mletého hřebíčku
- Sůl a černý pepř
- 1 kg brambor, oloupaných a na středně velké kousky
- 250 g nakrájeného zelí
- 100 ml mléka
- 100 g másla

- Sůl a čerstvě mletý černý pepř

Pokyny:

a) Předehřejte troubu na 160 °C (325 °F). Zatímco se to zahřívá, nalijte do pánve trochu oleje a opečte hovězí maso, ujistěte se, že je každý kousek ze všech stran uzavřený.

b) Maso vyjmeme a dáme stranou, přidáme cibuli a česnek a několik minut restujeme, poté přisypeme mouku a cukr. Dobře promíchejte, aby nasákla veškerou šťávu v pánvi, a poté za stálého míchání postupně přidávejte Guinness.

c) Když je to dobře zapracované a hladké, přidejte ocet, hořčici, hřebíček, koření a tymián a přiveďte k varu. Vložte maso do kastrolu a poté jej přidejte do misky.

d) Zapékací misku přikryjte a pečte v troubě 1 1/2 hodiny, dokud maso nezměkne.

e) Přidejte tymián, vinný ocet, hořčici, mletý hřebíček a koření; přivedeme k varu a nalijeme na maso v kastrolu. Přiklopte pokličkou a pečte v troubě $1\frac{1}{2}$ hodiny nebo dokud maso nezměkne. Asi 20 minut před koncem vaření přidejte do kastrolu zelí a brambory a pokračujte ve vaření.

f) Podáváme, když je maso měkké, jako obměnu můžeme vynechat brambory a podávat je rozmačkané s polévkou přelitou navrch.

14. Kuřecí polévka s knedlíky

Slouží 4

Ingredience

- 1 kuře, nakrájené na 8 kusů
- 15 g/. oz (2 lžíce) hladké (univerzální) mouky
- 2 lžíce řepkového (řepkového) oleje
- 15 g/. oz (1 lžíce) másla
- 1 cibule, nakrájená
- 4 listy šalvěje
- snítku rozmarýnu a tymiánu
- 2 mrkve, nakrájené
- 250 ml/8 fl oz (1 šálek) cider (tvrdý cider)
- 1 litr/34 fl oz (4. šálky) kuře
- vývar (vývar)
- 1 lžička mořské soli
- čerstvě mletý černý pepř
- nasekaná plochá petrželka na ozdobu Na knedlíky
- 350 g hladké (univerzální) mouky proseté

- 50 g (4 polévkové lžíce) studeného másla, nastrouhaného
- 1 lžička prášku do pečiva
- 350 ml/12 fl oz (1. šálků) mléka
- mořská sůl

Metoda

a) Kuřecí kousky osolte a opepřete a obalte v mouce.

b) Ve velké pánvi nebo kastrolu se silným dnem (holandská trouba) rozehřejte olej na středně vysokou teplotu a opékejte kousky kuřete po dávkách asi 5 minut dozlatova po celém povrchu. Kuře dejte stranou a vymažte pánev.

c) Na pánvi rozpustíme máslo a přidáme cibuli, šalvěj, rozmarýn a tymián. Smažte 3–4 minuty, dokud cibule nezměkne, a poté přidejte mrkev. Polijte pánev ciderem a přiveďte k varu.

d) Kuře se šťávou vrátíme do pánve a podlijeme vývarem (vývarem). Vařte na mírném až mírném ohni asi 25–30 minut, dokud není kuře propečené bez známek růžové barvy a šťáva nevytéká.

e) Mezitím na knedlíky smíchejte v míse mouku a máslo s práškem do pečiva a solí. Přidejte mléko, aby vzniklo sypké těsto. Na posledních 5–10 minut vaření přidáme polévkové lžíce knedlíkové směsi do pánve s kuřecím masem a v polovině knedlíky otočíme, aby se opekly z obou stran.

f) Přidejte petržel a podávejte.

15. Squash & Fazolová polévka

Výtěžek: 4 porce

Ingredience:

- 1 střední máslová dýně
- 1 lžíce olivového oleje
- 1 středně sladká cibule, nakrájená na kostičky
- 2 stroužky česneku, mleté
- 4 šálky zeleninového vývaru s nízkým obsahem sodíku
- 1/4 lžičky černého pepře
- 1/4 lžičky mletého muškátového oříšku
- 1/8 lžičky soli
- 1,15uncová plechovka bílých fazolí s nízkým obsahem sodíku, scezená a propláchnutá

Pokyny:

a) Dýni připravíme tak, že oříznememe konce a oloupeme. Po rozkrojení napůl semena vydlabejte. Dýni nakrájenou na malé kostičky dejte stranou.

b) Ve velkém hrnci s vysokými stěnami rozehřejte olivový olej. Smažte cibuli a česnek 3-4 minuty, nebo dokud nezměknou.

c) Smíchejte squash, bílé fazole a zeleninový vývar ve velké míse. Přikryté přiveďte k varu.

d) Snižte teplotu na minimum a vařte 15-20 minut. Dochuťte solí, pepřem a muškátovým oříškem.

e) Odstraňte z ohně a nechte 10 minut vychladnout. Polovinu polévky nalijte do mixéru a sejměte střední část víka, aby mohla unikat pára. Mixujte, dokud nebude úplně hladká.

f) Opakujte se zbývající polovinou polévky a poté vše rozmixujte. Podávejte a bavte se!

16. Kokosová polévka ze sladkých brambor

Výtěžek: 4 porce

Ingredience:

- 1 1/2 lžíce olivového oleje, rozdělená
- 1 malá cibule Vidalia, nakrájená na kostičky
- 3 stroužky česneku, nasekané
- 1 velký sladký brambor, oloupaný a nakrájený na kostičky
- 2 lžíce kari
- 1/4 lžičky soli
- 1/4 lžičky černého pepře
- 1/8 lžičky kajenského pepře (volitelně)
- 3 šálky nápoje z kokosového mléka, neslazeného
- 1 šálek cizrny s nízkým obsahem sodíku, scezené a propláchnuté
- 1/4 lžičky česnekového prášku
- 1/4 lžičky cibulového prášku
- 1/4 lžičky papriky

Pokyny:

a) Ve velkém hrnci rozehřejte na středním plameni 1 lžíci olivového oleje. Vařte 4-5 minut, nebo dokud cibule nezměkne. Po přidání česneku vařte dalších 30 sekund.

b) Ve velké míse smíchejte sladké brambory, kari, sůl, pepř a kajenský pepř, pokud používáte. Vařte dalších 5 minut. Zalijeme kokosovým mlékem.

c) Přiveďte na mírný plamen a vařte 20–25 minut, nebo dokud batáty nezměknou.

d) Mezitím sceďte a propláchněte cizrnu, poté ji před přenesením do mixovací nádoby důkladně osušte čistou utěrkou nebo papírovými utěrkami. Vmíchejte zbývající 1/2 lžíce olivového oleje, česnekový prášek, cibulový prášek a papriku.

e) Ve velké pánvi uvařte cizrnu na středním plameni. Opékejte, dokud nejsou okraje lehce křupavé.

f) Když jsou brambory měkké, stáhněte polévku z plotny a nechte ji vychladnout. Polovina polévky by měla být rozmixována v mixéru se sejmutým středovým dílem víka, aby mohla unikat pára.

g) Mixujte, dokud nebude úplně hladká. Spojte zbývající polovinu polévky a opakujte se zbývající polovinou. Případně polévku rozmixujte na kaši ponorným mixérem.

h) Nalijte polévku do misky a navrch dejte křupavou cizrnu.

17. Krémová brokolicová polévka

Výtěžek: 8 porcí

Ingredience:

- 1 lžíce olivového oleje
- 1 středně sladká cibule, nakrájená na kostičky
- 2 stroužky česneku, mleté
- 1 lžíce celozrnné mouky
- 3 šálky zeleninového vývaru s nízkým obsahem sodíku
- 1 velká brokolice, nakrájená na růžičky
- 2 středně červené brambory, nakrájené na kostičky
- 1/4 lžičky černého pepře
- 1 šálek mléka bez tuku
- Čerstvá pažitka

Pokyny:

a) Ve velkém hrnci s vysokými stěnami rozehřejte olivový olej. Smažte cibuli a česnek po dobu 3-5 minut, nebo dokud nezměknou.

b) Míchejte v mouce, dokud nezmizí chuť syrové mouky, asi 1-2 minuty. Přiveďte k varu se zeleninovým vývarem.

c) Jakmile se voda přivede k varu, přidejte brokolici a brambory a přikryjte. Vařte 15-20 minut.

d) Sundejte z ohně a nechte trochu vychladnout. Polovinu polévky rozmixujte v mixéru do hladka.

e) Opakujte se zbývající polovinou polévky a poté vše rozmixujte. Případně polévku rozmixujte na kaši ponorným mixérem.

f) Polévku vrátíme do hrnce a na mírném ohni za stálého míchání vaříme. Dokončete s oblíbenými bylinkami, jako je pažitka nebo petržel, a podávejte.

18. Kapustová krémová polévka

Výtěžek: 8 porcí

Ingredience:

- 2 lžíce olivového oleje
- 1 cibule Vidalia, nakrájená na kostičky
- 4 stroužky česneku, nasekané
- 2 libry kapusty, jemně nasekané
- 1 šálek čistého, odtučněného řeckého jogurtu
- 1/4 šálku parmazánu
- 1/2 lžičky černého pepře

Pokyny:

a) Ve velké pánvi rozehřejte olivový olej na středním plameni. Vařte 3-4 minuty, nebo dokud cibule a česnek nezměknou.

b) Přidejte kapustu a trochu vody, přikryjte a vařte 8-10 minut, nebo dokud zelenina nezměkne a nezvadne.

c) Sundejte pánev z ohně a přidejte řecký jogurt, parmazán a černý pepř.

19. Kuřecí polévka a quinoa

Porce: 6

Ingredience:

- 1 libra vykostěných kuřecích prsou bez kůže, všechen viditelný tuk vyhozen, nakrájený na 1-palcové kostky
- 4 šálky kuřecího vývaru bez tuku a s nízkým obsahem sodíku
- 1 velká cibule, nakrájená
- $\frac{3}{4}$ šálku vody
- 1 střední mrkev, nakrájená na plátky
- 3 velké stroužky česneku, nasekané
- 1 lžíce nasekaného čerstvého tymiánu
- 1 sušený bobkový list
- $\frac{1}{4}$ lžičky pepře
- ⅓ šálek nevařené quinoa, opláchnuté, okapané
- 2 unce cukrového hrachu, nakrájeného na plátky

Pokyny

b) Smíchejte kuře, vývar, cibuli, vodu, mrkev, česnek, tymián, bobkový list a pepř ve velkém hrnci.

c) Na středně vysokém ohni přiveďte k varu.

d) Snižte teplotu na minimum a mírně přikryté vařte 5 minut.

e) Přidejte quinou a promíchejte, aby se spojila. 5 minut v troubě

f) Přidejte hrášek a míchejte, aby se spojil. Vařte za občasného míchání 5 až 8 minut, nebo dokud není quinoa uvařená a kuře už není uprostřed růžové.

g) Před podáváním polévky odstraňte bobkový list.

20. Čočková a fazolová polévka

Porce: 6

INGREDIENCE:

1 hrnek sušené čočky

15 uncí propláchnutá a okapaná plechovka černých fazolí

15-uncová plechovka nakrájených rajčat

1 lžíce olivového oleje, extra panenského

1 hrnek sušené čočky

½ lžičky mletého kmínu

½ lžičky vloček červené papriky, drcených

1 cibule, nakrájená

1 lžička chilli prášku

4 šálky zeleninového vývaru

2 stroužky česneku, nasekané

2 mrkve, oloupané a nakrájené

Sůl

Černý pepř

INSTRUKCE:

Na pánvi rozehřejte olej a česnek opékejte asi 1 minutu.

Asi 5 minut orestujte mrkev a cibuli.

Zbytek ingrediencí přiveďte za stálého míchání k varu.

Snižte teplotu na minimum a vařte asi 25 až 30 minut přikryté za občasného míchání.

VÝŽIVA: Kalorie: 285| Tuk: 4,3g | Sacharidy: 44 g | Vláknina: 18g | Cukry: 4,8g | Bílkoviny: 18,9 g

21. Polévka z bílých fazolí a kapusty

Porce: 4

INGREDIENCE:

15 uncová plechovka fazolí, opláchnutá a scezená

3 šálky čerstvé kapusty, zbavené tuhých stopek a nahrubo nasekané

2 lžičky olivového oleje

4 stroužky česneku, rozdrcené

1 lžíce čerstvého zázvoru, nakrájeného

1 střední cibule, nakrájená na kostičky

2 lžičky čerstvých listů rozmarýnu, nasekaných

1 libra sladkých brambor, oloupaných a nakrájených na malé kostičky

4 šálky vody

½ lžičky mleté skořice

1 lžička mletého kmínu

Sůl a mletý černý pepř

1 lžička mleté kurkumy

INSTRUKCE:

V pánvi rozehřejte olej na vysokou teplotu a cibuli za častého míchání opékejte asi 7-9 minut.

Přidejte česnek, zázvor, rozmarýn a restujte asi 1 minutu.

Přidejte brambory, vodu, koření, sůl a černý pepř a přiveďte k varu.

Odkryté dusíme asi 30-35 minut.

Část brambor nahrubo rozmačkejte zadní částí lžíce.

Vmícháme fazole a kapustu a dusíme asi 4-7 minut.

22. Kuřecí a zeleninová polévka

Porce: 4

INGREDIENCE:

2 lžíce olivového oleje (extra panenský)

2 červené papriky, nakrájené

1 cibule, nakrájená na kostičky

1 lžíce strouhaného čerstvého zázvoru

3 šálky nakrájeného pečeného kuřete, zbaveného kůže

8 šálků nesoleného kuřecího vývaru

$\frac{1}{2}$ lžičky mořské soli

$\frac{1}{8}$ lžičky černého pepře, čerstvě mletého

INSTRUKCE:

Ve velkém hrnci rozehřejte olivový olej, dokud se nerozvaří.

Přidejte cibuli, červenou papriku a zázvor. Vařte asi 5 minut za občasného míchání, dokud zelenina nezměkne.

Přidejte kuře, kuřecí vývar, sůl, pepř a přiveďte k varu.

Snižte teplotu a vařte dalších 5 minut.

23. Krém z Kale

Porce: 4

INGREDIENCE:

2 lžíce olivového oleje (extra panenský)

1 cibule, nakrájená na kostičky

4 šálky kapusty

1 šálek růžičky brokolice

6 šálků nesoleného zeleninového vývaru

1 lžička česnekového prášku

½ lžičky mořské soli

¼ lžičky černého pepře, čerstvě mletého

Microgreens

kokosové mléko

INSTRUKCE:

Ve velkém hrnci rozehřejte olivový olej, dokud se nerozvaří.

Vařte za občasného obracení, dokud cibule nezměkne, asi 5 minut.

Přidejte kapustu, brokolici, zeleninový vývar, česnekový prášek, sůl a pepř.

Přiveďte k varu a poté snižte na nízkou teplotu.

Vařte 10 až 15 minut za občasného míchání, nebo dokud zelenina nezměkne.

V mixéru smíchejte všechny ingredience a rozmixujte do hladka.

Podávejte horké s dalším olejem, microgreens a kokosovým mlékem.

24. Polévka z korálové čočky a švýcarského mangoldu

Porce: 4

INGREDIENCE:

2 lžíce olivového oleje

1 střední cibule, nakrájená na kostičky

2 střední mrkve, nakrájené na kostičky

1/2 lžičky zázvorového prášku

1/2 lžičky kurkumového prášku

2 nasekané velké stroužky česneku

1 lžička kmínového prášku

1/2 lžičky vloček červené papriky

1/2 lžičky mořské soli

15oz plechovka nakrájených rajčat

1 hrnek sušené červené čočky

2 litry zeleninového vývaru

1 svazek švýcarského mangoldu, nahrubo nasekaný

INSTRUKCE:

Ve velké polévce nebo kastrolu rozehřejte olej.

Smažte cibuli a mrkev po dobu 7 minut na středně vysokém ohni.

Přidejte česnek, kmín, zázvor, kurkumu, chilli vločky a sůl.

Vařte po dobu 5 minut, seškrábněte všechny hnědé kousky ze dna pánve a přimíchávejte rajčata, dokud se tekutina nezredukuje a rajčata nezměknou.

Přidejte čočku a vývar a přiveďte k varu, poté snižte teplotu a vařte odkryté 10 minut, nebo dokud se čočka neuvaří.

Vařte dalších 5 minut za občasného míchání, dokud mangold nezvadne, ale stále bublá. Dochuťte solí a pepřem podle chuti.

Polévku podáváme v miskách ozdobenou plátkem citronu.

25. Podzimní dýňová polévka

Porce: 6

INGREDIENCE:

600 g dýně, oloupané a nakrájené

2 šálky zeleninového vývaru

½ šálku kokosového mléka

olej na smažení

1 lžíce citronové trávy, nasekané

2 listy kafírové limetky, nakrájené

1 lžička kmínu

1 lžička semínek koriandru

1 červená paprika, zbavená semínek a nakrájená na plátky

1 čerstvý zázvor, oloupaný a nastrouhaný

1 čerstvá kurkuma, oloupaná a nakrájená na plátky

Černý pepř podle chuti

1 šalotka, nakrájená

4 stroužky česneku

INSTRUKCE:

Předehřejte troubu na 300 stupňů Fahrenheita a připravte si plech s pečicím papírem.

Než dýni položíte na plech a opékáte do zlatova, vhoďte ji do oleje.

Na pánvi rozehřejte olej a šalotku na něm orestujte dohněda.

Vařte do aroma, poté přidejte kmín a koriandr.

Přidejte listy kafiru, kurkumu, zázvor, citronovou trávu a chilli, vařte další minutu a míchejte, aby nedošlo k připálení

Do vývaru přidejte dýni, přikryjte a vařte

Snižte teplotu na minimum a vařte dalších 10 minut.

Přidejte kokosové mléko a znovu zvyšte teplotu a vařte 5-10 minut.

26. Ječná zeleninová polévka

Porce: 6

INGREDIENCE:

1 šálek mrkve, nakrájené

1 snítka rozmarýnu

1 stroužek česneku, nasekaný

1 šálek celeru, nakrájeného

3/4 šálku loupaného ječmene

4 šálky zeleninového vývaru

1 plechovka rajčatového protlaku (28 oz.)

1 plechovka fazolí, okapaná a propláchnutá (15 oz.)

2 šálky kapusty, nahrubo nasekané

Strouhaný parmazán

INSTRUKCE:

V hrnci orestujte cibuli, mrkev a celer s olivovým olejem (extra panenský). Přidejte rozmarýn, česnek a ječmen a pokračujte ve vaření asi 3 minuty.

Přiveďte k varu s vývarem za stálého míchání.

Po uvaření pánev přikryjeme, snížíme plamen a na mírném ohni dusíme asi 1 hodinu.

Přidejte rajčata a fazole a vařte dalších 15 minut nebo déle, dokud ječmen nezměkne. V posledních 5 minutách vaření vmíchejte zeleninu, pokud ji používáte.

Podávejte s nastrouhaným parmazánem.

27. Máslová dýně a čočková polévka

Počet porcí: 4-6

INGREDIENCE:

1 velká cibule, nakrájená na kostičky

1 oloupaná a na kostičky nakrájená máslová dýně

1 hrnek hnědé čočky

8 šálků zeleninového vývaru

2 lžičky mletého česneku

1 bobkový list

1/2 lžičky mletého muškátového oříšku

1 šálek špenátu, nakrájeného

1/2 lžičky soli

INSTRUKCE:

Přidejte všechny ingredience kromě špenátu do pomalého hrnce a dobře promíchejte.

Vařte 3 až 4 hodiny při vysokém výkonu nebo 6 až 8 hodin při nízkém výkonu.

Vyjměte bobkový list a dejte asi 50 % polévky, v případě potřeby po dávkách, do mixéru a rozmixujte dohladka. Rozmixovanou polévku s nerozmixovanou částí přidejte do pomalého hrnce a zamíchejte.

Přidejte nakrájený špenát a míchejte, dokud nezměkne.

28. Bílá fazolová polévka

Porce: 4

Ingredience:

- 1 nakrájená cibule
- 2 polévkové lžíce olivového oleje
- 2 nakrájené řapíky celeru
- 3 nasekané stroužky česneku
- 4 šálky konzervovaných fazolí cannellini
- 4 šálky kuřecího vývaru
- Sůl a pepř na dochucení
- 1 lžička čerstvého rozmarýnu
- 1 šálek růžičky brokolice
- 1 polévková lžíce lanýžového oleje
- 3 polévkové lžíce strouhaného parmazánu

Pokyny:

a) Ve velké pánvi rozehřejte olej.

b) Celer a cibuli opékejte asi 5 minut na pánvi.

c) Přidejte česnek a míchejte, aby se spojil. Vařte dalších 30 sekund.

d) Vhoďte fazole, 2 šálky kuřecího vývaru, rozmarýn, sůl a pepř a také brokolici.

e) Tekutinu přiveďte k varu a poté snižte na 20 minut na nízkou teplotu.

f) Polévku mixujte tyčovým mixérem, dokud nedosáhne požadované hladkosti.

g) Snižte teplotu na minimum a pokapejte lanýžovým olejem.

h) Polévku nalijeme do pokrmů a před podáváním posypeme parmazánem.

29. Těstoviny a fagioli

Porce: 10

Ingredience:

- 1 ½ lb. mletého hovězího masa
- 2 nakrájené cibule
- ½ lžičky vloček červené papriky
- 3 polévkové lžíce olivového oleje
- 4 nakrájené řapíky celeru
- 2 nasekané stroužky česneku
- 5 šálků kuřecího vývaru
- 1 šálek rajčatové omáčky
- 3 polévkové lžíce rajčatového protlaku
- 2 lžičky oregana
- 1 lžička bazalky
- Sůl a pepř na dochucení
- 1 15 oz. cannellini fazole
- 2 šálky vařených malých italských těstovin

Pokyny:

a) Ve velkém hrnci opékejte maso 5 minut, nebo dokud už není růžové. Odstraňte z rovnice.

b) Ve velké pánvi rozehřejte olivový olej a opékejte cibuli, celer a česnek po dobu 5 minut.

c) Přidejte vývar, rajčatovou omáčku, rajčatovou pastu, sůl, pepř, bazalku a vločky červené papriky a míchejte, aby se spojily.

d) Na kastrol nasaďte poklici. Polévku pak necháme 1 hodinu vařit.

e) Přidejte hovězí maso a vařte dalších 15 minut.

f) Přidejte fazole a míchejte, aby se spojily. Poté vařte 5 minut na mírném ohni.

g) Vmíchejte uvařené těstoviny a vařte 3 minuty, nebo dokud se neprohřejí.

30. Masové kuličky a polévka Tortellini

Porce: 6

Ingredience:

- 2 polévkové lžíce olivového oleje
- 1 nakrájená cibule
- 3 nasekané stroužky česneku
- Sůl a pepř na dochucení
- 8 šálků kuřecího vývaru
- 1 ½ šálku konzervovaných rajčat nakrájených na kostičky
- 1 šálek nakrájené kapusty
- 1 šálek rozmraženého mraženého hrášku
- 1 lžička drcené bazalky
- 1 lžička oregana
- 1 bobkový list
- 1 lb. rozmražené masové kuličky – jakýkoli druh
- 1 lb tortellini z čerstvého sýra
- ¼ šálku strouhaného parmazánu

Pokyny:

a) Ve velkém hrnci rozehřejte olivový olej a cibuli a česnek na něm 5 minut opékejte.

b) Ve velkém hrnci smíchejte kuřecí vývar, nakrájená rajčata, kapustu, hrášek, bazalku, oregano, sůl, pepř a bobkový list.

c) Dále přiveďte kapalinu k varu. Poté vařte 5 minut na mírném ohni.

d) Vyjměte bobkový list a vyhoďte ho.

e) Po přidání masových kuliček a tortellini vařte dalších 5 minut.

f) V neposlední řadě podávejte v miskách s nastrouhaným sýrem.

31. Kuřecí Marsala

Porce: 4

Ingredience:

- ¼ šálku mouky
- Sůl a pepř na dochucení
- ½ lžičky tymiánu
- 4 vykostěná kuřecí prsa, naklepaná
- ¼ šálku másla
- ¼ šálku olivového oleje
- 2 nasekané stroužky česneku
- 1 ½ šálku nakrájených hub
- 1 na kostičky nakrájená malá cibule
- 1 šálek marsaly
- ¼ šálku půl na půl nebo husté smetany

Pokyny:

a) V míse smíchejte mouku, sůl, pepř a tymián.

b) V samostatné misce ve směsi vydlabejte kuřecí prsa.

c) Ve velké pánvi rozpustíme máslo a olej.

d) Česnek vařte 3 minuty na pánvi.

e) Vhoďte kuře a opékejte 4 minuty z každé strany.

f) Na pánvi smíchejte houby, cibuli a marsalu.

g) Kuře vařte 10 minut na mírném ohni.

h) Přeneste kuře na servírovací talíř.

i) Vmíchejte půl na půl nebo hustou smetanu. Poté za stálého míchání při nejvyšší teplotě po dobu 3 minut.

j) Polijte kuře omáčkou.

32. Ryba a chorizo polévka

Porce: 4

Ingredience:

- 2 rybí hlavy (používá se k vaření rybího vývaru)
- 500 g rybího filé, nakrájeného na kousky
- 1 cibule
- 1 stroužek česneku
- 1 šálek bílého vína
- 2 polévkové lžíce olivového oleje
- 1 hrst petrželky (nasekané)
- 2 šálky rybího vývaru
- 1 hrst oregana (nakrájeného)
- 1 polévková lžíce soli
- 1 polévková lžíce pepře
- 1 celer
- 2 konzervy rajčat (rajčata)
- 2 červené chilli papričky
- 2 klobásy chorizo
- 1 lžíce papriky
- 2 bobkové listy

Pokyny:

a) Očistěte hlavu ryby. Žábry by měly být odstraněny. Dochutíme solí. Vařte 20 minut při nízké teplotě. Odstraňte z rovnice.

b) Na pánev nalijte olivový olej. Smíchejte cibuli, bobkové listy, česnek, chorizo a papriku ve velké míse. 7 minut v troubě

c) Ve velké míse smíchejte červené chilli, rajčata, celer, pepř, sůl, oregano, rybí vývar a bílé víno.

d) Vařte celkem 10 minut.

e) Vhoďte rybu. 4 minuty v troubě

f) Jako přílohu použijte rýži.

g) Přidejte petržel jako ozdobu.

33. Španělské Ratatouille

Porce: 4

Ingredience:

- 1 červená paprika (nakrájená na kostičky)
- 1 průměrně velká cibule (nakrájená nebo nakrájená)
- 1 stroužek česneku
- 1 cuketa (nakrájená)
- 1 zelená paprika (nakrájená na kostičky)
- 1 polévková lžíce soli
- 1 polévková lžíce pepře
- 1 konzerva rajčat (nakrájená)
- 3 polévkové lžíce olivového oleje
- 1 střik bílého vína
- 1 hrst čerstvé petrželky

Pokyny:

a) Na pánev nalijte olivový olej.

b) Vhoďte cibuli. Nechte 4 minuty smažit na středním plameni.

c) Vhoďte česnek a papriku. Nechte další 2 minuty opékat.

d) Vhoďte cuketu, rajčata, bílé víno a dochuťte solí a pepřem.

e) Vařte 30 minut nebo dokud nebude hotová.

f) Podle potřeby ozdobte petrželkou.

g) Podáváme s rýží nebo toastem jako přílohu.

h) Užívat si!!!

34. Gazpacho

Porce: 6

Ingredience:

- 2 libry zralých rajčat, nakrájených
- 1 červená paprika (nakrájená na kostičky)
- 2 stroužky česneku (mletý)
- 1 polévková lžíce soli
- 1 polévková lžíce pepře
- 1 polévková lžíce kmínu (mletého)
- 1 šálek červené cibule (nakrájené)
- 1 velká paprička Jalapeno
- 1 šálek olivového oleje
- 1 limetka 1 středně velká okurka
- 2 polévkové lžíce octa
- 1 šálek rajčat (šťávy)
- 1 polévková lžíce worcesterské omáčky
- 2 lžíce čerstvé bazalky (nakrájené na plátky)
- 2 plátky chleba

Pokyny:

a) V míse smíchejte okurku, rajčata, papriku, cibuli, česnek, jalapeňo, sůl a kmín. Vše spolu úplně promíchejte.

b) V mixéru smíchejte olivový olej, ocet, worcesterskou omáčku, limetkovou šťávu, rajčatovou šťávu a chléb. Míchejte, dokud není směs úplně hladká.

c) Rozmixovanou směs zapracujte pomocí sítka do původní směsi.

d) Ujistěte se, že vše dokonale zkombinujete.

e) Polovinu směsi naberte do mixéru a rozmixujte na pyré. Míchejte, dokud není směs úplně hladká.

f) Rozmixovanou směs vraťte ke zbytku směsi. Vše spolu úplně promíchejte.

g) Po zakrytí misku dejte na 2 hodiny do lednice.

h) Po 2 hodinách misku vyjměte. Směs dochutíme solí a pepřem. Posypte bazalkou v horní části misky.

i) Sloužit.

35. Chobotnice a rýže

Porce: 4

Ingredience:

- 6 uncí mořské plody (jakékoli dle vašeho výběru)
- 3 stroužky česneku
- 1 středně velká cibule (nakrájená)
- 3 polévkové lžíce olivového oleje
- 1 zelená paprika (nakrájená)
- 1 polévková lžíce chobotnicového inkoustu
- 1 svazek petrželky
- 2 polévkové lžíce papriky
- 550 gramů chobotnice (očištěná)
- 1 polévková lžíce soli
- 2 celer (nakrájený na kostičky)
- 1 čerstvý bobkový list
- 2 středně velká rajčata (nastrouhaná)
- 300 g rýže calasparra
- 125 ml bílého vína
- 2 šálky rybího vývaru
- 1 citron

Pokyny:

a) V pánvi nalijte olivový olej. V míse smíchejte cibuli, bobkový list, pepř a česnek. Nechte pár minut smažit.

b) Přihoďte chobotnice a mořské plody. Vařte několik minut a poté vyjměte chobotnice/mořské plody.

c) Ve velké míse smíchejte papriku, rajčata, sůl, celer, víno a petržel. Nechte 5 minut, než se zelenina dovaří.

d) Vhoďte do pánve propláchnutou rýži. Smíchejte rybí vývar a chobotnicový inkoust v míse.

e) Vařte celkem 10 minut. Smíchejte mořské plody a chobotnice ve velké míse.

f) Vařte dalších 5 minut.

g) Podávejte s aioli nebo citronem.

36. Řepná polévka na ukrajinský způsob

Výtěžek: 6 porcí

Přísada

- 4 střední rajčata
- 4 lžíce másla
- 1 šálek cibule; jemně nasekané
- 2 stroužky česneku, oloupané; jemně nasekané
- 1 libra Řepy, zbavené listů, oloupané, nahrubo nastrouhané
- ½ kořen celeru, oloupaný; nahrubo nastrouhaný
- 1 kořen petržele, oloupaný; nahrubo nastrouhaný
- 1 pastinák, oloupaný; nahrubo nastrouhaný
- ½ lžičky cukru
- ¼ šálku červeného vinného octa
- 1 lžíce Sůl
- 2 litry hovězího vývaru, čerstvého nebo konzervovaného
- 1 libra vařené brambory, oloupané; nakrájíme na 1 1/2-palcové kousky
- 1 libra zelí bez pecek; hrubě nastrouhaný

- 1 libra vařené hrudí nebo 1 lb vařené šunky, nakrájené na 1-palcové kousky

- 3 lžíce petrželky; jemně nasekané

- ½ pinty zakysané smetany

Pokyny

a) Rajčata vhoďte na 15 sekund do vroucí vody. Spusťte je pod studenou vodou a oloupejte. Vyřízněte stonek a poté je rozkrojte příčně napůl.

b) Půlky jemně vymačkejte, abyste odstranili šťávu a semínka, poté je nahrubo nasekejte a dejte stranou.

c) V 10 až 12palcové pánvi nebo kastrolu rozpusťte máslo na mírném ohni, přidejte cibuli a česnek a za častého míchání vařte 6 až 8 minut, nebo dokud nebudou měkké a lehce zbarvené. Vmíchejte řepu, celer, petržel, pastinák, polovinu rajčat, cukr, ocet, sůl a 1½ šálku vývaru. Přiveďte k varu na silném ohni, poté hrnec částečně přikryjte a snižte plamen. Vařte 40 minut.

d) Mezitím nalijte zbývající vývar do 6-8-qt kastrolu a přidejte brambory a zelí. Přiveďte k varu a poté částečně přikryté vařte 20 minut, nebo dokud brambory nezměknou, ale nerozpadnou se.

e) Když se zeleninová směs vaří stanovený čas, přidejte ji do kastrolu se zbylými rajčaty a masem. Částečně přikryté dusíme 10 až 15 minut, dokud se boršč nezahřeje.

f) Chuť na dochucení. Nalijte do mísy, posypte petrželkou a podávejte spolu se zakysanou smetanou.

37. Ukrajinský boršč z okurky a citronu

Výtěžek: 6 porcí

Přísada

- 4 šálky loupaných okurek zbavených semínek --
- Hrubě nakrájené
- Šťáva ze 2 malých citronů
- 1 lžička Náhrada bylinné soli popř
- Mořská sůl
- 1 lžíce medu
- 1 šálek odtučněného bílého jogurtu
- 1 šálek pramenité vody
- 1 šálek mleté krůtí šunky
- 1 velké rajče - nakrájené
- Náhrada bylinné soli a
- Bílý pepř - podle chuti
- Čerstvé snítky kopru a kyselé
- Krém - na ozdobu

Pokyny

a) Vložte okurky, citronovou šťávu, náhražku soli, med, jogurt a vodu do mixéru a rozmixujte dohladka. Přidejte mletou šunku. Nalijte polévku do velké mísy, zakryjte plastovým obalem a dejte přes noc do chladničky (8 až 12 hodin).

b) Ráno rajče prolisujte a přidejte do polévky. Ochutnejte koření a v případě potřeby přidejte více soli a pepře.

c) Polévku podávejte ve vychlazených miskách s oblohou z čerstvého kopru a kopečkem zakysané smetany.

38. Kyselá nakládaná polévka

Slouží 5

Ingredience:

- 6 šálků zeleninového vývaru
- 1 ½ šálku nastrouhané mrkve
- ½ šálku celeru nakrájeného na kostičky
- 1 šálek oloupaných čerstvých brambor, nakrájených na kostičky
- 1 šálek česneku nebo koprové okurky, nastrouhané
- Mouka podle potřeby (asi ¼ šálku)

Pokyny

a) Ve velkém hrnci přiveďte vývar k rychlému varu, poté snižte teplotu na minimum a nechte vařit. Vařte 15 minut s mrkví, celerem a bramborami.

b) Vařte 30 minut, nebo dokud nejsou brambory uvařené, podle potřeby přidejte okurky. Pokud chcete polévku hustší, připravte si těsto ze stejných dílů mouky a vody.

c) Za stálého míchání pomalu přiléváme mléko, dokud polévka lehce nezhoustne.

39. Boršč

Slouží 6

Ingredience:

- 2 svazky řepy se zelení (asi 8-9 střední řepy)
- ½ šálku nakrájené cibule
- 1 libra plechovka polévkových rajčat
- 3 polévkové lžíce čerstvé citronové šťávy
- ⅓ hrnek veganského granulovaného sladidla

Pokyny

a) Červenou řepu vydrhněte a očistěte, ale slupky nechte působit. Udržujte zelení v bezpečí. Ve velkém hrnci smíchejte řepu, cibuli a 3 litry vody.

b) Vařte jednu hodinu, nebo dokud řepa nezměkne. Vyjměte řepu z vody, ale NEVYHAZUJTE VODU. Vyhoďte cibuli.

c) Řepu po nakrájení najemno vraťte do vody. Zelení je třeba před přidáním do vody umýt a nakrájet. Smíchejte rajčata, citronovou šťávu a sladidlo v míse. Vařte 30 minut na středním plameni, nebo dokud zelenina nezměkne.

d) Před podáváním nechte alespoň 2 hodiny chladit.

40. Jahodová/borůvková polévka

Slouží 4

Ingredience:

- 1 libra čerstvých jahod nebo borůvek, dobře očištěných
- 1 ¼ šálku vody
- 3 polévkové lžíce veganského granulovaného sladidla
- 1 polévková lžíce čerstvé citronové šťávy
- ½ šálku sójové nebo rýžové smetany do kávy
- Volitelné: 2 šálky uvařených, vychladlých nudlí

Pokyny

a) Ve středním hrnci smíchejte ovoce s vodou a zahřejte k rychlému varu.

b) Snižte teplotu na minimum, přikryjte a vařte 20 minut, nebo dokud ovoce nezměkne.

c) Rozmixujte v mixéru do hladka. Protlak vraťte do hrnce a vmíchejte cukr, citronovou šťávu a smetanu. Po promíchání nechte 5 minut vařit.

d) Před podáváním polévku chlaďte alespoň 2 hodiny.

e) Tato polévka se tradičně podává samotná nebo se studenými nudlemi.

41. Zelňačka

Slouží 6

Ingredience:

- 2 polévkové lžíce margarínu
- 2 šálky nakrájeného zeleného zelí
- ½ lžičky černého pepře
- 3 šálky vody
- 2 šálky oloupaných a na kostičky nakrájených brambor
- ½ šálku nakrájených čerstvých rajčat

Pokyny

a) V hrnci na polévku rozpustíme margarín.

b) Přidejte zelí a pepř a vařte asi 7 minut, nebo dokud zelí nezhnědne.

c) Vhoďte brambory, rajčata a vodu; zakryjte a vařte 20 minut, nebo dokud nejsou brambory uvařené.

42. Zeleninová polévka

Podává: 4

Ingredience:

- polévková zelenina (2 mrkve, ½ celeru, 1 pórek, čerstvá petržel)
- 1 šálek (100 g) růžičky květáku
- ½ šálku (50 g) vařené kukuřice
- sůl a pepř
- volitelné: kostka bujónu, cibule

Pokyny

a) Ve velkém hrnci přiveďte k varu 2 litry (2 l) vody.

b) Nakrájejte mrkev, celer a pórek na 1/4-palcové (6 mm) plátky. Snižte teplotu na minimum a do vroucí vody přidejte nakrájenou zeleninu, růžičky květáku a kukuřici.

c) Dochuťte solí a pepřem podle chuti a vařte asi 40 minut na středním plameni.

d) Ozdobte růžičky petrželky nakrájené na kostičky.

43. Rajská polévka

Podává: 4

Přísadas:

- 2-litrový vývar
- 2 lžíce kokosové smetany
- 1 lžíce mouky
- 5 uncí (150 ml) rajčatový protlak
- sůl a pepř
- Kopr

Pokyny

a) Vývar z polévkové zeleniny (2 mrkve, 12 cibulí, 12 celeru, 1 pórek, četné stonky petržele) přecedíme a zachováme tekutinu.

b) Kokosovou smetanu smíchejte s moukou a přidejte ji do vývaru spolu s rajčatovou pastou.

c) Na prudkém ohni přivedeme k varu, dochutíme solí, pepřem a ozdobíme koprem.

d) Aby byla polévka více sytá, můžete přidat rýži nebo nudle.

44. Nakládaná polévka

Podává: 4

Ingredience:

- 3 brambory
- 1 kostka bujonu
- 1 lžíce kokosového másla
- 2 velké okurky, nakrájené na jemné kostičky
- 1 šálek (250 ml) nakládané šťávy
- 2 lžíce kokosové smetany
- 1 lžíce mouky
- sůl
- Kopr

Pokyny

a) Brambory oloupejte a nakrájejte na půlpalcové (1,3 cm) kostky, poté je uvařte s kostkou bujonu a kokosovým máslem ve 2 litrech vody.

b) Asi po 20 minutách, kdy brambory začnou měknout, přidejte nadrobno nakrájené kyselé okurky a šťávu z kyselých okurků.

c) V samostatné misce smíchejte kokosovou smetanu a mouku, poté postupně přidávejte 3 lžíce vývaru, který se vaří na ohni. Poté směs vraťte do polévky a přiveďte zpět k varu.

d) Podle chuti přidejte sůl a na kostičky nakrájený kopr (ale nejprve polévku ochutnejte, abyste se ujistili, že šťáva z nálevu není příliš silná).

e) Místo brambor lze použít rýži. Když je polévka hotová, přeskočte krok 1 a přidejte 3 šálky vařené rýže.

45. Kyselá žitná polévka

Podává: 2

Ingredience:

- 2 qt. vývar
- 2 hrnky zakysané žitné mouky
- 2 lžíce mouky
- Sůl
- 2 stroužky česneku
- volitelné: houby

Pokyny

h) Polévkovou zeleninu vařte ve 2 litrech vody, abyste vytvořili vývar. V případě potřeby můžete přidat i nakrájené houby.

i) Polévku přelijte přes cedník, tekutinu si nechte a směs a mouku přidejte do vývaru, když je zelenina měkká (přibližně 40 minut).

j) Podle chuti můžete dochutit solí.

k) Do vývaru přidejte česnek nastrouhaný najemno nebo nakrájený na kostičky.

46. Polévka z chlazené řepy

Podává: 2

Ingredience:

- 1 svazek řepy
- 1 okurka
- 3–5 ředkviček
- kopr
- pažitka
- 1-litrový obyčejný rostlinný jogurt
- sůl a pepř
- cukr
- volitelné: citronová šťáva

Pokyny

a) Řepu vyjmeme ze svazku, najemno nakrájíme jen stonky a listy řepy a dusíme asi 40 minut v malém množství vody do měkka. Před podáváním nechte vychladnout.

b) Okurka, ředkvičky, kopr a pažitka by měly být nakrájené nadrobno. Smíchejte tyto ingredience, stejně jako řepnou směs, v rostlinném jogurtu a důkladně promíchejte.

c) Podle chuti dochuťte solí, pepřem, cukrem a případně citronovou šťávou. Chcete-li polévku jemnější, rozmixujte nebo rozmixujte na kaši.

d) Podávejte vychlazené s koprem nakrájeným navrch.

e) Tato polévka se tradičně připravuje pouze ze stonků a listů rostliny červené řepy. Můžete však použít pouze červenou řepu. 1 libra vařené řepy, jemně nastrouhané a kombinované se zbývajícími ingrediencemi

47. Ovocná polévka

Podává: 4

Ingredience:

i) 1 lžíce bramborové mouky

j) 1 šálek (250 ml) vývaru, chlazený

k) 3 jablka

l) 8 uncí. (250 g) švestky nebo třešně

m) ⅓- ½ šálku (75-115 g) cukru

Pokyny

a) Pro vytvoření kaše smíchejte polovinu studeného vývaru s moukou.

b) Jablka, švestky nebo třešně po oloupání uvařte ve 112 litrech (112 l) vody. Když je ovoce měkké, nastrouhejte ho na jemném struhadle nebo rozmixujte s vodou v mixéru a dochuťte cukrem podle chuti.

c) Smíchejte mouku a vývar v míse.

d) Míchejte ve směsi vývaru, dokud se vše řádně nepromíchá.

48. Bramborová polévka

Podává: 4

Ingredience:

- 1½ litru zeleninového vývaru
- 2 cibule
- 2 pórky
- 5 stroužků česneku
- 3 lžíce olivového oleje
- 4 brambory
- bylinky: bobkový list, tymián, pažitka
- sůl a pepř

Pokyny

a) Cibuli a pórek nakrájejte najemno, poté je nakrájejte na čtvrtpalcová (6 mm) kolečka a orestujte je na olivovém oleji s nakrájenými stroužky česneku.

b) Po očištění, oloupání a očištění brambory nakrájejte na kostky.

c) Když jsou cibule a pórek středně hnědé, přidejte brambory, bylinky, sůl a pepř. Chvíli míchejte, poté podlijte vývarem a vařte asi 30 minut na mírném ohni, dokud brambory nezměknou.

d) Po vychladnutí polévku rozmixujte na kaši v mixéru do hladka. Dochuťte solí a pepřem podle chuti.

49. Citronová polévka

Podává: 4

Ingredience:

- 2-litrový vývar nebo vývar
- ½–1 šálek (95–190 g) bílé rýže
- 2 citrony
- sůl a pepř
- volitelně: ½ šálku kokosové smetany

Pokyny

a) Uvařte vývar se 2 litry vody a polévkovou zeleninou nebo vývarem (2 mrkve, 12 cibulí, 1 celer, 1 pórek, hodně stonků petržele).

b) Vařte rýži pouze ve vývaru nebo vývaru, dokud není kašovitá, asi 25 minut.

c) 1 citron oloupejte, nakrájejte nadrobno a s trochou soli vhoďte do vroucí rýže.

d) Pokračujte v míchání polévky a přidejte zbývající citronovou šťávu.

e) Vařte několik minut na mírném ohni, dochuťte solí a pepřem podle chuti.

50. Chřestová polévka

Počet porcí: 4-6

Ingredience:

- 1 lb. (450 g) bílého chřestu
- polévková zelenina (2 mrkve, 1 pórek, ½ celeru, čerstvá petržel)
- 2 lžíce kokosového másla
- ¼ šálku (30 g) mouky
- sůl a cukr
- ½ šálku (125 ml) kokosové smetany

Pokyny

a) Slupky chřestu oloupeme a chřest očistíme. Stonky chřestu a ingredience na polévku uvařte do měkka v hrnci se 2 litry vody. Tekutinu vývaru je třeba šetřit.

b) Hlavičky chřestu zvlášť uvařte v malém množství vody.

c) Stonky chřestu prolisujte a nastrouhejte najemno.

d) Prolisovaný chřest smícháme s polévkovým vývarem.

e) V pánvi rozpustíme kokosové máslo a vmícháme mouku, aby na mírném ohni vznikla jíška. Během vaření přidejte do polévky uvařené hlavičky chřestu, sůl a pepř.

f) Podávejte s krutony a na závěr kopečkem kokosové smetany.

51. Kedlubnová polévka

Porce: 6 porcí

Ingredience

- 1 kedlubna oloupaná, nakrájená na kostičky, použijte i listy
- 1 střední cibule nakrájená nadrobno
- 1 střední mrkev oloupaná, nakrájená na kostičky
- 2 střední brambory oloupané, nakrájené na kostičky
- 2 lžíce petrželky a kopru každý, jemně nasekané
- 1 l zeleninového vývaru horkého
- 1 lžíce oleje a másla každý
- Mořská sůl a pepř podle chuti
- 1 lžíce kukuřičného škrobu plus 2 lžíce horké vody

Pokyny

a) Listy kedlubny oloupejte a nahrubo nakrájejte, stonky vyhoďte. Kedlubny, mrkev a brambory nakrájíme na kostičky.

b) Ve velkém hrnci rozehřejte 1 lžíci oleje, přidejte cibuli a vařte 3 minuty nebo do změknutí. Vařte několik minut za častého míchání se zbytkem zeleniny a petrželkou.

c) Přidejte zeleninový vývar, opepřete, promíchejte, zakryjte a přiveďte k varu, poté snižte na nízkou teplotu a za občasného míchání vařte asi 30 minut nebo dokud zelenina nezměkne.

d) Přidejte nasekaný kopr a vařte další 3 minuty. V tuto chvíli můžete polévku zahustit (i když nemusíte). K tomu smíchejte 2 lžíce horké vody s kukuřičným škrobem, poté vmíchejte do polévky a vařte 3 minuty.

e) Sundejte z plotny, okořeňte podle chuti a před podáváním přidejte lžíci másla.

52. Ukrajinská fazolová polévka

Výtěžek: 10 porcí

Přísada

- 1 libra Bílé fazole, sušené
- 1 ½ libry kysaného zelí
- ¾ liber Vepřové soli
- 4 brambory, na kostky
- ½ šálku rostlinného oleje
- 1½ lžíce mouky
- 1 každá cibule, lg. nakrájená nahrubo
- 1 lžička soli
- 1 lžička černého pepře
- 4 Bobkové listy
- 3 stroužky česneku, mleté
- 2 lžíce kuliček pepře
- ½ šálku jogurtu, obyčejný
- 1 mrkev, lg. sekaný

a) Fazole namočte přes noc. Maso, brambory, fazole a kysané zelí uvařte zvlášť.

b) Když je maso hotové, vykostíme a nakrájíme na $\frac{1}{2}$" kostky. Brambory nakrájíme na kostičky. Fazole rozdrtíme.

c) Z oleje, mouky a cibule udělejte jíšku. Maso a zeleninu dáme do hrnce, přidáme jíšku a bobkové listy.

d) Zalijte vývarem a vařte dalších 10 minut.

53. Go Green Soup

Počet porcí: 2 porce

Ingredience

- 4 nakrájené okurky, středně velké
- řapíkatý celer nakrájený
- lžíce limetkové šťávy
- 1 1/2 šálku listů řeřichy (zabalené), plus 1/2 šálku dalších listů na ozdobu
- rozmačkané avokádo
- 1 lžička prášku z pšeničné trávy sušené mrazem
- 1 kapka mořské soli podle chuti
- 1 špetka čerstvě mletého černého pepře podle chuti

Pokyny

a) Pomocí mixéru rozmixujte 2 šálky vody na kaši s okurkami, celerem, limetkovou šťávou, 1 1/2 šálku řeřichy a mořskou solí.

b) Rozmixujte co nejhlaději. Použijte velké síto s jemnými oky, abyste směs přecedili a vytvořili zářivý zelený vývar. (Namísto síta lze také použít sýrovou tkaninu, použijte několik vrstev, abyste vytvořili jemnější síť.)

c) Vraťte vývar do mixéru a přidejte avokádo a prášek z pšeničné trávy. Rozmixujte do hladka. Chlaďte minimálně 30 minut.

d) Pro podávání ozdobte několika lístky řeřichy a trochou černého pepře.

54. Thajské kokosové kari Ramen

Počet porcí: 2 porce

Ingredience:

- 1 1/2 polévkové lžíce veganské červené kari pasty
- 1/3 červené cibule, nakrájené na kostičky
- 2 stroužky česneku, mleté
- 2 zázvor velikosti palce, nastrouhaný
- 1 stonek čerstvé citronové trávy, nasekaný
- 2 lžičky čistého javorového sirupu nebo hnědého cukru
- 3 polévkové lžíce šťávy z limetky nebo citronu
- Sůl podle chuti
- Talíř smíšené zeleniny
- 2 plechovky kokosového mléka
- 1 1/2 šálku zeleninového vývaru
- 3-4 listy kafírové limetky
- 2-3 balíčky čerstvého japonského ramenu NEBO nahraďte jakékoli jiné suché ramen nudle
- Pár plátků vařeného tempehu nebo tofu
- 1 šálek mražené nebo čerstvé kukuřice na polevu – pokud je zmrazená, rozmražená

- 4-5 cherry rajčat
- Několik klínků limetky
- Hrst červené ředkvičky microgreens

Pokyny:

a) Umístěte velký hrnec na středně vysokou teplotu. Přidejte 1/2 šálku zeleninového vývaru, poté přidejte kari pastu, šalotku, česnek, zázvor a citronovou trávu a na kostičky nakrájenou cibuli. Vařte, dokud se kari pasta úplně nerozpustí, asi 8 minut.

b) Přidejte 2 plechovky kokosového mléka a zbylý zeleninový vývar. Kari přivedeme k varu a zmírníme mírným varem.

c) Přidejte zeleninovou směs, listy kafírové limetky a javorový sirup. Přikryjeme a necháme asi 5-8 minut dusit.

d) Mezitím přiveďte k varu střední hrnec s vodou. Toto bude vaše voda na vaření pro ramen. Vložte ramen do vroucí vody a uvolněte nudle, ujistěte se, že jsou rovnoměrně rozložené.

e) Vařte do al dente, sceďte a propláchněte pod studenou vodou. Dát stranou.

f) Ramen rozdělte do 2-3 polévkových misek, navrch naberte lahodnou kari polévku a ozdobte čerstvými bylinkami, rajčaty, kukuřicí, tofu nebo tempehem.

55. Mikrozelená polévka z pečené brokolice

Počet porcí: 2 porce

Ingredience

- 1 hlavička brokolice, nakrájená na malé růžičky
- 1 velká žlutá cibule, nakrájená na měsíčky
- 4 celé stroužky česneku, oloupané
- 1 polévková lžíce hroznového oleje
- 1/4 lžičky soli
- 4 šálky zeleninového vývaru
- 2 šálky brokolice microgreens
- 3 unce sýr feta, nakrájený
- 1 šálek vařených nebo konzervovaných fazolí
- Šťáva z 1/2 citronu
- 1/2 lžičky chilli prášek
- 3 lžíce nesolených pražených slunečnicových semínek
- 2 polévkové lžíce extra panenského olivového oleje

Pokyny

a) Předehřejte troubu na 425 °F.

b) Během ohřevu vložte do trouby pečicí plech s okrajem.

c) V míse smíchejte brokolici, cibuli a česnek s olejem a solí.

d) Brokolici rozprostřete na rozpálený plech a opékejte 25 minut, jednou promíchejte.

e) Rozmixujte nebo zpracujte vývar, pečenou zeleninu, microgreens, fetu, fazole, citronovou šťávu a chilli prášek do hladka v mixéru nebo nádobě kuchyňského robotu.

f) Polévku ohřejeme v hrnci a podle potřeby podlijeme vývarem nebo vodou.

g) Ozdobte dalšími mikrozelenými, fetou, slunečnicovými semínky a kapkou oleje.

56. Rajská polévka

VÝNOS: 6 ŠÁLKŮ (1,42 l)

Ingredience

- 2 lžičky oleje
- 1 vrchovatá lžička semínek kmínu
- ½ lžičky kurkumového prášku
- 4 střední rajčata, oloupaná a nahrubo nakrájená
- 1 ks kořen zázvoru, oloupaný a nastrouhaný nebo nasekaný
- 3 stroužky česneku, oloupané a nakrájené
- 1-2 zelené thajské, serrano nebo kajenské chilli papričky, nakrájené
- ¼ šálku (4 g) nasekaného čerstvého koriandru
- ½ čajové lžičky červeného chilského prášku nebo kajenského pepře
- 4 šálky (948 ml) vody
- 1 lžička hrubé mořské soli
- ½ lžičky mletého černého pepře
- Šťáva z ½ limetky
- 2 lžíce výživného droždí

- Krutony, na ozdobu

Pokyny

a) Ve velkém polévkovém hrnci rozehřejte olej na středně vysokou teplotu.

b) Přidejte kmín a kurkumu a vařte, dokud semínka nezaprskají, asi 30 sekund.

c) Přidejte rajčata, kořen zázvoru, česnek, chilli, koriandr, prášek z červeného chilli a vodu. Přivést k varu.

d) Snižte teplotu na středně nízkou teplotu a vařte asi 15 minut. Jakmile jsou rajčata měkká, zpracujte je ponorným mixérem do hladka.

e) Přidejte sůl, černý pepř, limetkovou šťávu a nutriční droždí, pokud používáte. Dobře promíchejte a podávejte horké, ozdobené krutony. Udělejte z toho mini jídlo přidáním lžíce vařené hnědé nebo bílé rýže basmati do každého šálku před podáváním.

57. Seitan Mulligatawny polévka

VÝTAŽNOST: 12 ŠÁLKŮ (2,84 l)

Ingredience

- 1 šálek (192 g) sušené červené štípané (hnědé) čočky (masoor dal), očištěné a umyté
- 8 šálků (1,90 l) vody
- 1 střední cibule, oloupaná a nahrubo nakrájená
- 2 střední rajčata, oloupaná a nahrubo nakrájená (1 vrchovatý šálek [160 g])
- 1 malá brambora, oloupaná a nakrájená na kostičky
- 1 lžíce celého černého pepře
- 1 lžička prášku z kurkumy
- 1 (8uncový [227-g]) balíček čistého seitanu, okapaný a nakrájený na malé kousky (2 šálky)
- 2 lžičky hrubé mořské soli
- 1 lžička mletého černého pepře
- 1 lžíce gramu (cizrnové) mouky (besan)
- 3 lžíce oleje
- 3 lžíce zázvorovo-česnekové pasty

- 2 lžičky mletého kmínu
- 2 lžičky mletého koriandru
- 1 čajová lžička červeného chilského prášku nebo cayenne
- Šťáva z 1 citronu

Pokyny

a) Čočku, vodu, cibuli, rajčata, brambory, kuličky pepře a kurkumu dejte do velkého těžkého polévkového hrnce. Přiveďte k varu na středně vysoké teplotě a poté snižte teplotu na mírný plamen.

b) Vařte částečně zakryté 20 minut.

c) Mezitím smíchejte seitan, sůl a mletý černý pepř.

d) Po uvaření polévku rozmixujte do hladka buď ponorným mixérem, běžným mixérem nebo výkonnějším mixérem. V případě potřeby promíchejte po dávkách.

e) Seitan lehce posypeme gramovou moukou.

f) V malé pánvi rozehřejte olej na středně vysokou teplotu.

g) Přidejte zázvorovo-česnekovou pastu a smažte 1 až 2 minuty. (Mějte po ruce víko; olej může vystříknout. Pokračujte v míchání a v případě potřeby snižte teplotu.)

h) Přidejte kmín, koriandr a prášek z červeného chilli a míchejte 1 minutu.

i) Přidejte seitanovou směs a vařte další 3 minuty, dokud lehce nezhnědne.

j) Tuto směs přidejte do polévky a přiveďte k varu.

k) Přidejte citronovou šťávu.

l) Podávejte horké, v miskách. Před přidáním polévky můžete také přidat lžíci vařené rýže do každé misky pro větší texturu.

58. Kořeněná zelená polévka

VÝNOS: 8 ŠÁLKŮ

Ingredience

g) 2 lžíce oleje

h) 1 lžička semínek kmínu

i) 2 listy kasie

j) 1 středně žlutá cibule, oloupaná a nahrubo nakrájená

k) 1 ks kořen zázvoru, oloupaný a nastrouhaný nebo nasekaný

l) 10 stroužků česneku, oloupaných a nahrubo nasekaných

m) 1 malá brambora, oloupaná a nahrubo nakrájená

n) 1-2 zelené thajské, serrano nebo kajenské chilli papričky, nakrájené

o) 2 šálky (290 g) hrášku, čerstvého nebo mraženého

p) 2 šálky (60 g) balené nakrájené zeleniny

q) 6 šálků vody

r) ½ šálku (8 g) nasekaného čerstvého koriandru

s) 2 lžičky hrubé mořské soli

t) ½ lžičky mletého koriandru

u) ½ lžičky praženého mletého kmínu

v) Šťáva z ½ citronu

w) Krutony, na ozdobu

Pokyny

a) V hlubokém, těžkém polévkovém hrnci rozehřejte olej na středně vysokou teplotu.

b) Přidejte semínka kmínu a listy kasie a zahřívejte, dokud semínka nezaprskají, asi 30 sekund.

c) Přidejte cibuli, kořen zázvoru a česnek. Vařte další 2 minuty, občas promíchejte.

d) Přidejte brambory a vařte další 2 minuty.

e) Přidejte chilli, hrášek a zeleninu. Vařte 1 až 2 minuty, dokud zelí nezvadne.

f) Přidejte vodu. Přiveďte k varu, stáhněte plamen a 5 minut vařte bez pokličky.

g) Přidejte koriandr.

h) Kasii nebo bobkové listy vyjměte a rozmixujte ponorným mixérem.

i) Vraťte polévku do hrnce. Přidejte sůl, koriandr a mletý kmín. Vraťte polévku k varu. Přidejte citronovou šťávu.

59. Polévka z rajčat a tamarindu

VÝTAŽNOST: 12 ŠÁLKŮ (2,84 l)

Ingredience

- ½ šálku (96 g) sušeného loupaného a oloupaného holubího hrášku (toor dal), očištěného a omytého
- 4 střední rajčata, oloupaná a nahrubo nakrájená (4 šálky [640 g])
- 1 ks kořen zázvoru, oloupaný a nastrouhaný nebo nasekaný
- 2 lžičky hrubé mořské soli
- 1 lžička prášku z kurkumy
- 1 šálek (237 ml) tamarindové šťávy
- 2 lžíce rasamového prášku
- 7 šálků (1,66 l) vody
- 1 lžíce oleje
- 1 lžička semínek černé hořčice
- 1 lžička semínek kmínu
- 15–20 kari listů, nakrájených nahrubo
- 1 vrchovatá lžíce nasekaného čerstvého koriandru na ozdobu
- Měsíčky citronu, na ozdobu

Pokyny

a) Do pomalého hrnce dejte holubí hrášek, rajčata, kořen zázvoru, sůl, kurkumu, tamarindový džus, rasamový prášek a vodu. Vařte na nejvyšší stupeň $3\frac{1}{2}$ hodiny.

b) Rozmixujte ponorným mixérem, v tradičním mixéru nebo ve výkonném mixéru.

c) Mezitím na sporáku udělejte temperaci (tarka). V pánvi rozehřejte olej na středně vysokou teplotu. Přidejte hořčici a kmín a vařte, dokud směs nezměkne, asi 30 sekund. Přidejte kari listy a vařte, dokud listy lehce nezhnědnou a nezačnou se kroutit. Pozor, občas promíchejte, aby se koření nepřipálilo. Po 1 až 2 minutách vložíme horkou směs do pomalého hrnce.

d) Polévku vařte dalších 30 minut a ihned podávejte, ozdobenou koriandrem a kolečkem citronu.

60. Rajčatová polévka Stock

VÝTAŽNOST: 4½ ŠÁLKU (1,1 l)

Ingredience

- 1 velká cibule, oloupaná a nahrubo nakrájená
- 4 velká rajčata, oloupaná a nahrubo nakrájená
- 1 šálek (96 g) oloupaného a nahrubo nasekaného kořene zázvoru
- 10 stroužků česneku, oloupaných a nakrájených
- 1 lžička kurkumového prášku
- ¼ šálku oleje (59 ml)

Pokyny

a) Všechny ingredience vložte do pomalého hrnce a jemně promíchejte.

b) Vařte na nejvyšší stupeň po dobu 6 hodin.

c) Směs zpracujte do hladka pomocí ponorného mixéru, tradičního mixéru, kuchyňského robotu nebo výkonného mixéru.

d) Vraťte směs do pomalého hrnce a vařte další hodinu na nejvyšší stupeň. Uchovávejte v chladničce po dobu až 1 týdne nebo v mrazáku po dobu až 3 měsíců.

61. Zázvorová polévka Stock

VÝNOS: 7 ŠÁLKŮ

Ingredience

- 2 velké žluté cibule, oloupané (4 šálky [600 g] mleté)
- 2 libry kořene zázvoru, oloupaného (4 šálky mletého)
- 2 vrchovaté šálky česneku, oloupaného a nakrájeného
- 4 polévkové lžíce (24 g) kmínových semínek
- 4 polévkové lžíce (27 g) prášku z kurkumy
- ½ šálku (119 ml) oleje
- ½ šálku (119 ml) vody

Pokyny

a) Cibuli, kořen zázvoru a česnek umelte zvlášť ve výkonném mixéru. Základem je namlít každou surovinu co nejjemněji.

b) Přidejte kmín, kurkumu a olej do pomalého hrnce.

c) Vyčistěte nádobu mixéru vodou a nalijte ji do pomalého hrnce. Jemně promíchejte.

d) Vařte 10 hodin na nejvyšší stupeň. Tento mix vydrží v lednici až 1 týden a v mrazáku až 3 měsíce.

62. Zázvorová polévka se sójovým mlékem

VÝTAŽNOST: 3½ ŠÁLKU (3,32 l)

Ingredience

- 2 šálky čistého neslazeného sójového mléka
- ¼ šálku (59 ml) Adarak Masala
- ½ lžičky hrubé mořské soli
- ½ čajové lžičky červeného chilského prášku nebo kajenského pepře
- 1-3 nakrájené zelené thajské, serrano nebo kajenské chilli papričky
- ½ šálku (119 ml) vody (volitelné)
- ¼ šálku (4 g) nasekaného čerstvého koriandru

Pokyny

- V hrnci na středně vysokém ohni přiveďte sojové mléko k mírnému varu.
- Přidejte Adarak Masala, sůl, červený chilli prášek, zelené chilli a vodu (pokud používáte). Přiveďte k varu, přidejte koriandr a podávejte s hustými roti nebo naanem.

63. Tonyu vývar

Ingredience:

- 500 g krůtích kostí (zlomených)
- 1 litr sójového mléka
- 20 g zázvoru (nakrájeného na plátky)
- 1 tyčinka pórku (jemně nakrájená)
- sůl
- 400 ml vody

Pokyny:

a) Vezměte velký kastrol a přidejte krůtí kosti, pórek, zázvor a 400 ml vody.

b) Vše necháme vařit asi 15 minut se zavřenou pokličkou.

c) Otevřete víko a počkejte, až se vývar zredukuje na cca. 100-150 ml.

d) Přidejte sójové mléko a nechte vařit dalších 10 minut. Upozornění: sójové mléko se snadno připálí.

e) Vývar přecedíme. Do polévkové mísy dejte po 235 ml. Podle libosti přidejte těstoviny a polevy.

64. Miso vývar

Ingredience:

- 1 střední mrkev (oloupaná a nahrubo nakrájená)
- ½ cibule (oloupaná a nahrubo nakrájená)
- ½ jablka (zbavené jádřinců, oloupané a nahrubo nakrájené)
- 1 stonek celeru (nahrubo nakrájený)
- 3 stroužky česneku (oloupané)
- 120 ml kokosového oleje
- 2 polévkové lžíce sezamového oleje
- 340 g mletého masa
- 2 lžičky čerstvého zázvoru (nakrájeného na plátky)
- 1 lžička siracha
- 2 polévkové lžíce sójové omáčky
- 1 lžička jablečného octa
- 1 lžička soli
- 1 lžíce sezamu
- 175 ml Shiro Miso (bílé miso, lehké a sladké)
- 175 ml Akamiso Miso (červené miso, tmavé a slané)
- 475 ml kuřecího nebo zeleninového vývaru

Pokyny:

a) Mrkev, cibuli, jablko a celer nasekáme najemno.

b) Do velké pánve na středním plameni dejte kokosový olej a 1 lžičku sezamového oleje. Poté nakrájenou zeleninu a ovoce opékejte na pánvi asi 10-12 minut, dokud cibule nezprůsvitní a jablko lehce nezhnědne. Poté oheň mírně snižte.

c) Přidejte medovinu do pánve a počkejte asi 8-10 minut, dokud medovina nebude růžová. Přidejte zázvor, sójovou omáčku, jablečný ocet a sůl a vše dobře promíchejte.

d) Celou směs dejte do kuchyňského robotu, dokud není maso jemně mleté. Alternativně můžete např. B. použít šťouchadlo na brambory.

e) Do směsi přidejte sezamová semínka a miso a dobře promíchejte. Konzistence by měla být jako hustá pasta. To vytváří miso základ.

f) Zeleninový nebo kuřecí vývar přivedeme k varu. Přidejte 6 čajových lžiček miso základu.

g) Hotovou polévku dejte do dvou misek (každá cca 235 ml) a přidejte těstoviny a polevy dle libosti.

65. Dashi vývar

Ingredience:

- 10 g kombu
- 10 g bonito vloček
- 720 ml vody

Pokyny:

a) Vezměte hrnec s min. Objem 500 ml a do jednoho hrnce vložte vločky bonito a do druhého kombu.

b) Oba hrnce přiveďte k varu a poté je nechte 1 hodinu vařit.

c) Nakonec ingredience sceďte a přidejte oba nálevy dohromady.

d) Do polévkové mísy dejte po 235 ml. Podle libosti přidejte těstoviny a polevy.

66. Tonkotsu vývar

Ingredience:

- Seabura (vařená vepřová panenka)
- 700 g vepřového sedla nakrájeného na nudličky
- voda

Tonkotsu vývar

- 225 g kuřecích nohou (omytá, zbavená kůže a prstů)
- 3,6 - 4,5 kg vepřového kolena (zlomeného, na kostní dřeň)
- 455 g brambor (oloupaných a nahrubo nakrájených)
- 4,7 litru vody
- Shiodare (pro slanou chuť)
- 1 velký obdélníkový kus kombu (cca 25 cm dlouhý, nahrubo nařezaný)
- 2 malé sušené houby Shiitake (drcené)
- 946 ml vody
- 2 lžičky bonito vloček
- 300 g skořápky na koberce
- 140 g soli
- Shoyudare (pro chuť sójové omáčky)

Pokyny:

a) Než začnete, připravte si chashu.

b) Začněte Seaburou: vepřovou panenku vložte do hrnce a podlijte vodou. Vodu krátce přivedeme k varu a necháme 4 hodiny vařit.

c) Vaření vývaru Tonkotsu: V samostatném hrnci dejte vařit vodu. Kuřecí nožky blanšírujeme, osušíme a dáme do tlakového hrnce s vepřovým kolenem a bramborami. Vše zalijte 4,7 litry vody. Ujistěte se, že voda a další přísady nezaplňují více než polovinu vašeho hrnce.

d) Hrnec zahřejte, dokud z tlakového ventilu neunikne pára (může to trvat až 20 minut). Počkejte cca. 10 minut, dokud se hrnec nenaplní párou. Nastavte plamen na nejvyšší stupeň a nechte hodinu vařit.

e) Příprava Shiodare: Vezměte střední kastrol a přiveďte kombu, houby shiitake a 950 ml vody k varu. Snižte teplotu a byly asi 5 minut. Vyjměte houby kombu a shiitake a přelijte tekutinu do čisté střední pánve.

f) Do tekutiny přidejte bonito vločky, přiveďte k varu. Necháme 5 minut povařit. Bonito vločky vymačkáme a vyjmeme z polévky. Polévku dejte do čistého středního hrnce.

g) Polévku přiveďte k varu a přidejte kobercové škeble. Necháme 5 minut povařit. Slávky vyjmeme sítem. Přeneste jeden litr vývaru do nového hrnce a přidejte sůl (140 g).

h) Po hodině sundejte tlakový hrnec ze sporáku a uvolněte tlak. Rozdrťte vepřové kosti, abyste odhalili kostní dřeň. Celé to vařte na nízké teplotě další hodinu a znovu a znovu míchejte.

i) Přidejte po jedné čajové lžičce chashu a shiodare do polévkových misek, které plánujete použít s jídlem.

j) Vepřové sedlo sundáme ze sporáku a slijeme vodu. Maso nakrájejte na menší kousky (asi 5 cm). Celé maso kousek po kousku protlačíme přes hrubé síto, aby se naporcovalo. Seabura je připraven.

k) Polévku z tlakového hrnce sceďte a dejte do samostatného hrnce a udržujte teplou. Těsně před podáváním polévku znovu přiveďte k varu.

l) Chashu nakrájejte na 6 mm kousky a opečte je na pánvi dokřupava.

m) Polévku dokončíte přidáním horké polévky Tonkotsu (235 ml) do polévkové mísy. Do každé porce přidejte lžičku Seabura. Podle libosti přidejte těstoviny a polevy.

67. Shoyu vývar

Ingredience:

- 4 lžičky kokosového oleje
- 2 střední mrkve (oloupané a nahrubo nakrájené)
- ½ cibule (oloupaná a nahrubo nakrájená)
- 3 jarní cibulky (nakrájené na plátky)
- 1 jablko (zbavené jádřinců, oloupané a nahrubo nakrájené)
- 2 řapíkatý celer (nahrubo nakrájený)
- 5 stroužků česneku (oloupaného)
- 5 sušených hub shiitake (nakrájených na malé kousky)
- 1 celé kuře
- 4 kusy hovězího oháňky (každý cca 5 cm)
- 1 citron (na čtvrtky)
- 2,2 litru kuřecího vývaru s nízkým obsahem sodíku
- 175 ml sójové omáčky
- 4 polévkové lžíce granulí dashi
- 2 lžičky soli
- ½ lžičky bílého pepře
- 1 bobkový list

Pokyny:

a) Do kastrolu dejte kokosový olej, mrkev, cibuli, jablko, celer, Konoblauch a sušenou Shiitake Pile.

b) Poté přidejte celé kuře, volský ohon a citron. Holandskou troubu vložte do trouby na 8–10 hodin a zahřejte ji na 90 °C. Když se volský ohon snadno oddělí od kosti, je hotovo.

c) Pomocí děrované lžíce odstraňte hrubší kousky. Zbytek sceďte ve velkém hrnci. Nyní byste měli mít hnědou, lesklou polévku s vysokým obsahem tuku.

d) V hrnci přiveďte polévku k varu. Do každé polévkové mísy dejte 235 ml polévky. Podle libosti přidejte těstoviny a polevy.

68. Shio vývar

Ingredience:

- 1 střední mrkev (oloupaná a nahrubo nakrájená)
- ½ cibule (oloupaná a nahrubo nakrájená)
- 3 jarní cibulky (nakrájené na plátky)
- ½ jablka (zbavené jádřinců, oloupané a nahrubo nakrájené)
- 1 řapíkatý celer (nakrájený)
- 3 stroužky česneku
- 5 čerstvých hub shiitake
- 120 ml kokosového oleje
- 1 lžička sezamového oleje
- 3 polévkové lžíce granulí dashi
- 2 lžičky soli

Vývar:

- 2 lžičky nesoleného másla (na porci)
- Kuřecí nebo zeleninový vývar s nízkým obsahem sodíku (235 ml na porci)
- Mirin (sladké rýžové víno; 2 lžičky na porci)
- 1 velký obdélníkový kus kombu (cca 25 cm dlouhý, nahrubo nařezaný)

- Sušené houby shiitake (drcené; 2 houby na porci)

Pokyny:

a) Mrkev, cibuli, jarní cibulku, jablko, stroužky česneku a čerstvé houby shiitake vložte do kuchyňského robotu a vše sekejte, dokud nevznikne pasta.

b) Zahřejte kokosový olej a sezamový olej ve středním hrnci na středním plameni. Přidejte ovocnou a zeleninovou pastu a vařte asi 10-12 minut. Poté přidejte dashi granule a sůl. Dobře promíchejte.

c) Na vývar dejte máslo do velkého hrnce a zapněte ho na střední teplotu. Když máslo začne lehce hnědnout a vonět oříškově, přidejte kuřecí nebo zeleninový vývar, mirin, kombu a sušené houby shiitake. Přiveďte k varu.

d) Poté snižte teplotu a nechte 15 minut vařit. Pomocí děrované lžíce odstraňte hrubší kousky. Přidejte Shio zeleninový a ovocný základ.

e) Do polévkové mísy dejte po 235 ml. Podle libosti přidejte těstoviny a polevy.

69. Veganský dashi vývar

Ingredience:

- 25 g hub shiitake (sušené)
- 10 g kombu
- 1 litr vody

Pokyny:

a) Vezměte hrnec s min. Kapacita 500 ml a vložte Shiitake Pile do jednoho hrnce a kombu do druhého.

b) Oba hrnce přiveďte k varu a poté je nechte 1 hodinu vařit.

c) Nakonec ingredience sceďte a přidejte oba nálevy dohromady.

d) Do polévkové mísy dejte po 235 ml. Podle libosti přidejte těstoviny a polevy.

70. Vegetariánský vývar Kotteri

porce: 8

Ingredience:

- 500 g máslové dýně (cca 300 g oloupané a nahrubo nakrájené)
- 2 cibule (oloupané a nahrubo nakrájené)
- 3 stroužky česneku (oloupané)
- 100 g čerstvých hub shiitake
- 6 sušených hub shiitake
- 6-8 g kombu
- 2 litry vody
- 2 lžičky mleté papriky
- 2 lžíce zázvoru (nakrájeného)
- 75 ml sójové omáčky
- 4 WL miso pasta
- 3 polévkové lžíce rýžového octa
- 3 polévkové lžíce kokosového oleje
- 2 lžičky soli

- olivový olej

Pokyny:

a) Předehřejte troubu na 250 °C.

b) Vezměte velký hrnec a přiveďte k varu asi 2 litry vody. Přidejte sušené houby shiitake a kombu. Snižte plamen a nechte vše vařit asi 1 hodinu.

c) Smíchejte dýni, cibuli, česnek a čerstvé houby shiitake s trochou olivového oleje a papriky a rozložte na plech.

d) Zeleninu pečeme v troubě asi 15

e) minut. Snižte teplotu na 225 °C a pečte dalších 15 minut.

f) Po hodinovém varu vývaru vyjměte houby a kombu a přidejte zeleninu a zázvor. Nechte vývar vařit 20 minut při zavřené poklici.

g) Vývar rozmixujte najemno.

h) Poté přidejte miso pastu, sójovou omáčku, rýžový ocet, kokosový olej a sůl a znovu rozvařte vývar. V případě potřeby lze vývar zředit vodou.

i) Do polévkové mísy dejte po 235 ml. Podle libosti přidejte těstoviny a polevy.

71. Umami zeleninový vývar

porce: 12

Ingredience:

- 2 polévkové lžíce světlé miso pasty
- 2 polévkové lžíce řepkového oleje
- 2 polévkové lžíce vody
- 2 cibule (oloupané a nakrájené nadrobno)
- 2 mrkve (oloupané a najemno nakrájené)
- 4 řapíkatý celer (jemně nakrájený)
- 1 tyčinka pórku (jemně nakrájená)
- 1 cibule fenyklu (jemně nakrájená)
- 5 kořenů koriandru
- 1 hlava česneku (půlená)
- ½ svazku plocholisté petrželky
- 5 sušených hub shiitake
- 20 g kombu
- 2 lžičky soli
- 1 lžička černého pepře

- 2 bobkové listy
- ½ lžičky žlutého hořčičného semínka
- ½ lžičky semínek koriandru
- 3,5 litru vody

Pokyny:

a) Smíchejte miso pastu s řepkovým olejem a 2 lžícemi vody a dejte stranou.

b) Zeleninu, kombu a houby shiitake položte na plech. Pokapeme na něj rozmíchanou miso pastu. Celé to necháme v troubě 1 hodinu při 150 °C. Mezitím otočíme.

c) Poté dejte opečenou zeleninu do velkého hrnce. Přidejte koření a zalijte vodou. Vše přiveďte k varu, snižte plamen a poté nechte 1,5 hodiny vařit.

d) Do polévkové mísy dejte po 235 ml. Podle libosti přidejte těstoviny a polevy.

72. Čirá cibulová polévka

Porce: 6

Ingredience

- 6 šálků zeleninového vývaru (můžete použít i kuřecí nebo hovězí vývar, případně kombinaci obou, pokud jej máte. ujistěte se, že použijte odrůdu s nízkým obsahem sodíku)
- 2 cibule (nakrájené na kostičky)
- 1 řapíkatý celer (nakrájený na kostičky)
- 1 mrkev (oloupaná a nakrájená na kostičky)
- 1 lžíce česneku (mletý)
- ½ lžičky zázvoru (mletého)
- 1 lžička sezamového oleje
- 1 šálek žampionů (nakrájené na velmi tenké plátky)
- ½ šálku jarní cibulky (nakrájené na plátky)
- podle chuti sůl a pepř
- podle chuti sójová omáčka (volitelné)
- ochutnat Sriracha (volitelné)

Pokyny

a) Cibuli orestujte v hrnci na trošce oleje, dokud lehce nezkaramelizuje. Asi 10 minut.

b) Přidejte mrkev, celer, česnek a zázvor, sezamový olej a vývar. Dochutíme solí a pepřem.

c) Přiveďte k varu a poté vařte 30 minut.

d) Sceďte zeleninu z vývaru.

e) Do misek přidejte hrst jarní cibulky a na tenké plátky nakrájené houby. Nalijte polévku nahoru.

f) Volitelné: Přidejte špetku sójové omáčky a sriracha podle chuti.

73. Dětská ramen polévka

Porce: 4

Ingredience

- 2 (14 1/2 oz.) plechovky kuřecí vývar
- 1/2 lb. baby bok choy, podélně rozpůlené
- 2 zelené cibule, nakrájené na 2-palcové délky
- čerstvý zázvor, mletý
- 1 stroužek česneku, nasekaný
- 1 1/2 lžičky sójové omáčky
- 1 (3 1/2 oz.) balení ramen nudle
- 1/4 lb nakrájená šunka
- 4 vejce natvrdo, oloupaná a nakrájená na čtvrtky
- 1 lžička sezamového oleje

Pokyny

f) Umístěte hrnec na střední teplotu. Vmíchejte vývar, bok choy, zelenou cibulku, zázvor, česnek a sójovou omáčku.

g) Vařte je 12 minut. Přidejte nudle do hrnce. Nechte polévku vařit další 4 minuty.

h) Polévku podávejte teplou s oblíbenou polevou. Užívat si.

74. Nori nudlová polévka

Porce: 4

Ingredience

- 1 (8 oz.) balení sušených soba nudlí
- 1 C. připravený vývar z dashi
- 1/4 C. sojová omáčka
- 2 lžíce mirinu
- 1/4 lžičky bílého cukru
- 2 lžíce sezamových semínek
- 1/2 C. nakrájenou zelenou cibulku
- 1 list nori (sušená mořská řasa), nakrájená na tenké proužky (volitelně)

Pokyny

a) Uvařte nudle podle návodu na obalu. Slijte a zchlaďte trochou vody.

b) Umístěte malý kastrol na střední teplotu. Vmíchejte dashi, sójovou omáčku, mirin a bílý cukr. Vařte, dokud se nezačne vařit.

c) Vypněte teplo a nechte směs ztratit teplo po dobu 27 minut. Na servírovací misky rozdělte sezamová semínka s nudlemi a zalijte vývarovou polévkou.

d) Ozdobte polévkové misky nori a zelenou cibulkou.

e) Užívat si.

75. Ramen sezamová polévka

Porce: 4

Ingredience

- 1 lb. horní kulatý steak, julienne
- 1 lžíce arašídového oleje
- 1/2 lžičky sezamového oleje
- 1-palcový čerstvý zázvor, jemně nastrouhaný
- 2 stroužky česneku, mleté
- 1/4-1/2 lžičky drcených vloček červené papriky
- 3 C. hovězí vývar
- 2 svazky jarní cibulky, nakrájené na kostičky
- 2 lžíce rýžového vinného octa
- 2 (3 oz.) balíčky ramen nudle, balíček odstraněn 1/2 C. baby karotka, strouhaná

Pokyny

a) Umístěte velkou pánev na střední teplotu. Zahřejte v něm 1/3 každého z olejů.

b) Orestujte v něm zázvor, česnek a červené chilli. Vařte je 1 minutu. Vmícháme 1/3 hovězích plátků. Vařte je 4 minuty. Směs dejte stranou.

c) Opakujte proces se zbývajícím hovězím masem a olejem, dokud nebude hotový. Umístěte velký kastrol na střední teplotu. Vmíchejte vývar, ocet a jarní cibulku. Vařte je, dokud se nezačnou vařit.

d) Snižte teplotu a vařte, dokud se nezačne vařit. Vmíchejte ramen a vařte ho 4 až 4 minuty nebo dokud nebude hotový.

e) Do servírovací mísy nandejte nudle a pak na ně dejte restované hovězí maso. Podávejte teplé.

76. Krém z ramen a hub

Porce: 4

Ingredience

- 1 (3 oz.) balení ramen nudle s kuřecí příchutí
- 1 (10 3/4 oz.) plechovky krémové houbové polévky
- 1 (3 oz.) kuřecí konzervy

Pokyny

a) Ramen připravte podle pokynů na obalu.

b) Umístěte velký kastrol na střední teplotu. Vmícháme polévku, kuřecí maso a koření. Vařte je 6 minut.

c) Nudle sceďte a rozdělte mezi servírovací misky. Nalijte na ni polévkovou směs a podávejte teplou. Užívat si.

77. Kari nudlová polévka

Porce: 4

Ingredience

- 3 mrkve, nakrájené na kousky velikosti sousta
- 1 malá cibule, nakrájená na kostičky
- 3 lžíce vody
- 1/4 C. rostlinný olej
- 1/2 C. všestranná mouka
- 2 lžíce univerzální mouky
- 2 lžíce červeného kari
- 5 C. horký zeleninový vývar
- 1/4 C. sojová omáčka
- 2 lžičky javorového sirupu
- 8 uncí. udon nudle nebo více podle chuti

Pokyny

a) Získejte misku odolnou v mikrovlnné troubě: Vmíchejte do ní vodu s mrkví a cibulí. přiklopte pokličkou a vařte na nejvyšší stupeň 4 minuty 30 sekund.

b) Umístěte hrnec na polévku na střední teplotu. Rozehřejte v něm olej. Přidejte k tomu 1/2 C. plus 2 lžíce mouky a promíchejte je, abyste vytvořili pastu.

c) Přidejte kari s horkým vývarem a za stálého míchání je vařte 4 minuty. Přidejte uvařenou cibuli a mrkev se sójovou omáčkou a javorovým sirupem.

d) Nudle vařte podle návodu na obalu, dokud nezměknou.

e) Polévku vařte, dokud nezačne vřít. Vmícháme nudle a polévku podáváme horkou.

78. Japonská houbová nudlová polévka

Ingredience

- 2 oz houby Buna shimeji
- 1 svazek. Soba nudle nebo vaše oblíbené nudle. Uvařené a scezené podle návodu
- 3 polévkové lžíce základu polévky mizkan
- 2 vařená vejce, rozklepaná a rozpůlená
- 1 svazek baby bok choy nebo salát
- 2 šálky. Voda
- 2 lžičky bílých sezamových semínek
- Jarní cibulka, nakrájená

Instrukce

e) Ve středním hrnci dejte vařit vodu a přidejte polévkový základ, baby bok choy a houby. Vařte 2 minuty.

f) Uvařené nudle nandejte na talíře/misku. Položte půlky vajec a pokapejte je polévkou

g) Ozdobte jarní cibulkou a sezamovými semínky

h) Podávejte s hůlkami

79. Kuřecí nudlová polévka

Porce: 4

Ingredience

- 2 lžíce olivového oleje
- 1 ½ hrnku pórku, nakonec nakrájeného
- 3 stroužky česneku, nasekané
- 1 ½ kila kuřecích prsou, vykostěných, nakrájených na malé proužky
- 6-7 šálků kuřecího vývaru
- Sůl a pepř na dochucení
- 1-2 balíčky ramen nudlí
- 1 střední citron, nakrájený na čtvrtky
- 1 vařené vejce, pokud je to žádoucí
- 1 jarní cibulka, nakrájená, na ozdobu

Pokyny:

1. V hrnci na středním plameni rozehřejte trochu oleje.

2. Přidejte pórek a česnek, za stálého míchání opékejte, dokud nejsou ingredience uvařené a měkké mícháním.

3. Přidejte kuřecí nudličky a vařte asi 4-5 minut.

4. Přidejte trochu kuřecího vývaru, sůl, pepř a přiveďte k varu. Snižte plamen a polévku vařte 10–12 minut.

5. Nyní přidejte nudle a vařte do zpevnění.

6. Sundejte z plotny a přidejte trochu citronové šťávy.

7. Polévku rozdělte do 3-4 misek.

8. Navrch dejte pár jarní cibulky a vejce.

9. Podávejte a užívejte si.

80. Vepřová polévka Ramen

Porce: 4

Ingredience

- 3 lžíce řepkového oleje
- 2-3 vepřové kotlety bez kostí
- sůl a černý pepř, podle chuti
- 8-10 jarní cibulky, nakrájené na plátky, oddělená zelená a bílá přepážka
- 1 2palcový zázvor, nakrájený na plátky
- 8 šálků kuřecího vývaru
- 3 lžíce octa
- 2-3 balíčky ramen nudlí
- 2 lžíce sójové omáčky
- 2 mrkve, oloupané, nastrouhané
- 2-3 ředkvičky, nakrájené na tenké plátky
- ¼ šálku listů koriandru, nasekaných

Pokyny:

1. Zahřívejte pánev na střední teplotu po dobu 5 minut. Přidejte trochu oleje a opékejte vepřové maso, dokud se důkladně neuvaří, 5–6 minut z každé strany.

2. Dochuťte solí a pepřem.

3. Přendáme na talíř a přikryjeme fólií. Odstavte na 5 minut.

4. Ve stejném hrnci orestujte jarní cibulku se zázvorem a vařte 30–50 sekund.

5. Přidejte trochu vývaru a přiveďte k varu.

6. Přidejte nudle a vařte 2–3 minuty.

7. Vmíchejte trochu sójové omáčky a octa.

8. Přeneste polévku do misek a navrch dejte vepřové maso, jarní cibulku, nakrájenou mrkev, nakrájené ředkvičky a koriandr.

81. Snadná hovězí polévka Ramen

Porce: 2

Ingredience

- 1-libra flank steak
- 1 libra Choy Sum, nakrájená
- 4-5 stroužků česneku, nasekaných
- 3-4 jarní cibulky, bílé a zelené oddělené, nakrájené
- 2 šálky žampionů Enoki, nakrájené na plátky
- 1 1-palcový kus zázvoru
- 4 polévkové lžíce Demi-Glace
- 4 lžíce pasty Miso
- 3 lžíce sójové omáčky
- 2 lžíce omáčky Hoisin
- 2 balíčky Ramen nudle, vařené
- 3 lžíce oleje na vaření

Pokyny:

1. Do woku přidejte trochu oleje na vaření a opékejte vepřové maso z obou stran, dokud nezezlátne. Sundejte z woku a dejte stranou.

2. Do velkého hrnce přidejte 5-6 šálků vody, česnek, sójovou omáčku, Demi-glace, zázvor, houby, omáčku hoisin, choy chum a bílky z jarní cibulky a vařte do změknutí.

3. Nyní přidejte smažené vepřové maso a přikryjte pokličkou a znovu vařte 10-12 minut.

4. Nyní přidejte miso a nudle, znovu přiveďte k varu.

5. Nalijte do misek a navrch dejte zelí jarní cibulku.

82. Rybí polévka Ramen

Porce: 2

Ingredience

- 2 střední rybí filé, nakrájené na 2-palcové plátky
- ¼ šálku jarní cibulky, nakrájené
- 3 mrkve, oloupané, nakrájené na plátky
- 2 balíčky ramen nudlí
- 1 lžička soli
- 4-5 stroužků česneku, nasekaných
- 2 lžíce oleje na vaření
- ¼ lžičky černého pepře
- 4 šálky kuřecího vývaru
- 2 lžíce sojové omáčky
- 2 lžíce rybí omáčky

Pokyny:

1. Do hrnce přidejte kuřecí vývar, česnek, olej na vaření, sůl a pepř a nechte vařit.

2. Přidejte mrkev, přikryté vařte 5-8 minut na středním plameni.

3. Přidejte ryby, cibuli a nudle, vařte 3-4 minuty nebo dokud nebudou hotové.

4. Přidejte trochu rybí omáčky a sójové omáčky, promíchejte, aby se spojily.

5. Podávejte horké.

83. Krevetová nudlová polévka

Porce: 1

Ingredience

- 5-6 krevet
- 1 balení nudlí, s kořením
- ¼ lžičky soli
- 1 lžíce rostlinného oleje
- 2-3 stroužky česneku, nasekané
- 2 hrnky kuřecího vývaru

Pokyny:

1. V hrnci rozehřejte trochu oleje a 30 sekund opékejte nasekaný česnek.
2. Přidejte krevety a za stálého míchání opékejte 4 minuty.
3. Přidejte všechno koření, nudle a vodu, přiveďte k varu 3-4 minuty.
4. Dejte do servírovací mísy.

84. Ramen polévka s houbami

Porce: 2

Ingredience

- 2 šálky špenátových listů
- 2 balení ramen nudlí
- 3 hrnky zeleninového vývaru
- 3-4 stroužky česneku, nasekané
- $\frac{1}{4}$ lžičky cibulového prášku
- Sůl a pepř na dochucení
- 1 lžíce rostlinného oleje
- $\frac{1}{4}$ šálku jarní cibulky, nakrájené
- 3-4 houby, nakrájené

Pokyny:

1. Přidejte zeleninový vývar, sůl, olej a česnek do hrnce a vařte 1-2 minuty.//
2. Nyní přidejte nudle, houby, jarní cibulku, špenát a černý pepř a vařte 2-3 minuty.
3. Užijte si horko.

85. Houbová polévka Ramen

Porce: 2

Ingredience

- 2 šálky hub, nakrájené na plátky
- 2 balíčky ramen nudlí
- 1 lžička černého pepře
- 2 lžíce horké omáčky
- 2 lžíce sojové omáčky
- 1 lžíce worcesterské omáčky
- ¼ lžičky soli
- 3 hrnky zeleninového vývaru
- 1 cibule, nakrájená
- 2 lžíce chilli omáčky
- 2 lžíce arašídového oleje

Pokyny:

1. V hrnci rozehřejte olej a žampiony na středním ohni opékejte 5-6 minut.

2. Přidejte vývar, sůl, pepř, horkou omáčku, worcesterskou omáčku, cibuli a sójovou omáčku, dobře promíchejte. Vařte několik minut.

3. Přidejte nudle a vařte 3 minuty.

4. Po dokončení přendejte do servírovací mísy a přelijte chilli omáčkou.

5. Užívat si.

86. Dýňové kari s pikantními semínky

Ingredience

e) 3 šálky dýně – nakrájené na 1-2 cm kousky
f) 2 polévkové lžíce oleje
g) ½ lžičky hořčičných semínek
h) ½ lžičky semínek kmínu
i) Špetka asafetida
j) 5-6 kari listů
k) ¼ polévkové lžíce semínek pískavice řecké seno
l) 1/4 lžičky semínek fenyklu
m) 1/2 lžíce strouhaného zázvoru
n) 1 polévková lžíce tamarindové pasty
o) 2 polévkové lžíce – suchý, mletý kokos
p) 2 polévkové lžíce pražených mletých arašídů
q) Sůl a hnědý cukr nebo jaggery podle chuti
r) Čerstvé lístky koriandru

Pokyny

- Rozehřejte olej a přidejte hořčičná semínka. Když prasknou, přidejte kmín, pískavici, asafetidu, zázvor, kari listy a fenykl. Vařte 30 sekund.
- Přidejte dýni a sůl. Přidejte tamarindovou pastu nebo vodu s dužinou uvnitř. Přidejte jaggery nebo hnědý cukr. Přidejte mletý kokos a arašídový prášek. Vařte ještě pár minut. Přidejte čerstvý nasekaný koriandr.

87. Tamarind Fish Curry

Slouží 4

Ingredience

i) 11/2 libry, síh, nakrájený na kousky
j) 3/4 lžičky a 1/2 lžičky prášku z kurkumy
k) 2 čajové lžičky tamarindové dužiny, namočené ve 1/4 šálku horké vody na 10 minut
l) 3 lžíce rostlinného oleje
m) 1/2 lžičky semínka černé hořčice
n) 1/4 lžičky semínek pískavice řecké seno
o) 8 čerstvých kari listů
p) velká cibule, nasekaná
q) Serrano zelené chilli papričky se semínky a mleté
r) malá rajčata, nakrájená
s) 2 sušené červené chilli papričky, nahrubo namleté
t) 1 lžička semínek koriandru, nahrubo namletých
u) 1/2 šálku neslazeného sušeného kokosu
v) Stolní sůl, podle chuti
w) 1 šálek vody

Pokyny

a) Vložte rybu do misky. Dobře rozetřete 3/4 lžičky kurkumy a nechte asi 10 minut stát. Opláchněte a osušte.
b) Tamarind sceďte a tekutinu dejte stranou. Zbytek zlikvidujte.

c) Ve velké pánvi rozehřejte rostlinný olej. Přidejte semínka hořčice a semínka pískavice. Když začnou prskat, přidejte kari listy, cibuli a zelené chilli. Smažte 7 až 8 minut, nebo dokud cibule dobře nezhnědne.

d) Přidejte rajčata a vařte dalších 8 minut nebo dokud se olej nezačne oddělovat od stěn směsi. Přidejte zbývající 1/2 lžičky kurkumy, červené chilli, semínka koriandru, kokos a sůl; dobře promíchejte a vařte dalších 30 sekund.

e) Přidejte vodu a přecezený tamarind; přivést k varu. Snižte teplotu a přidejte rybu. Vařte na mírném ohni 10 až 15 minut, nebo dokud není ryba zcela propečená. Podávejte horké.

88. Losos v kari s příchutí šafránu

Slouží 4

Ingredience

- 4 lžíce rostlinného oleje
- 1 velká cibule, nakrájená nadrobno
- lžička zázvorovo-česnekové pasty
- 1/2 lžičky červeného chilli prášku
- 1/4 lžičky kurkumového prášku
- lžičky koriandrového prášku
- Stolní sůl, podle chuti
- 1 libra lososa, vykostěná a
- krychlový
- 1/2 šálku bílého jogurtu, našlehaného
- 1 lžička pečeného šafránu

Pokyny

a) Ve velké nepřilnavé pánvi rozehřejte rostlinný olej. Přidejte cibuli a opékejte 3 až 4 minuty nebo dokud nebude průhledná. Přidejte zázvorovo-česnekovou pastu a restujte 1 minutu.

b) Přidejte prášek z červeného chilli, kurkumu, koriandr a sůl; dobře promíchejte. Přidejte lososa a restujte 3 až 4 minuty. Přidejte jogurt a snižte teplotu. Dusíme, dokud se losos neprovaří. Přidejte šafrán a dobře promíchejte. Vařte 1 minutu. Podávejte horké.

89. Okra kari

Ingredience

- 250 g okry (dámský prst) – nakrájené na 1 cm kousky
- 2 lžíce strouhaného zázvoru
- 1 polévková lžíce hořčičných semínek
- 1/2 lžičky semínek kmínu
- 2 polévkové lžíce oleje
- Sůl podle chuti
- Špetka asafetida
- 2-3 polévkové lžíce praženého arašídového prášku
- Listy koriandru

Pokyny

a) Rozehřejte olej a přidejte hořčičná semínka. Když prasknou, přidejte kmín, asafetidu a zázvor. Vařte 30 sekund.

b) Přidejte okra a sůl a míchejte, dokud se neuvaří. Přidejte arašídový prášek, vařte dalších 30 sekund.

c) Podávejte s lístky koriandru.

90. Zeleninové Kokosové Kari

Ingredience

- 2 středně velké brambory, nakrájené na kostičky
- 1 1/2 šálku květáku – nakrájíme na růžičky
- 3 rajčata nakrájená na velké kousky
- 1 polévková lžíce oleje
- 1 polévková lžíce hořčičných semínek
- 1 polévková lžíce semínek kmínu
- 5-6 kari listů
- Špetka kurkumy – volitelné
- 1 polévková lžíce strouhaného zázvoru
- Čerstvé lístky koriandru
- Sůl podle chuti
- Čerstvý nebo sušený kokos – strouhaný

Pokyny

a) Rozehřejte olej a poté přidejte hořčičná semínka. Když prasknou, přidejte zbývající koření a vařte 30 sekund.
b) Přidejte květák, rajče a brambory plus trochu vody, přikryjte a vařte za občasného míchání, dokud se neuvaří. Mělo by tam zůstat trochu tekutiny. Pokud chcete suché kari, pak pár minut opékejte, dokud se voda neodpaří.
c) Přidejte kokos, sůl a lístky koriandru.
d)

91. Základní zeleninové kari

Ingredience:

- 250 g zeleniny – nakrájené
- 1 lžička oleje
- ½ lžičky hořčičného semínka
- ½ lžičky semínek kmínu
- Špetka asafetida
- 4-5 kari listů
- ¼ lžičky kurkumy
- ½ lžičky koriandrového prášku
- Špetka chilli prášku
- Strouhaný zázvor
- Čerstvé lístky koriandru
- Cukr / jaggery a sůl podle chuti
- Čerstvý nebo sušený kokos

Pokyny

a) Zeleninu nakrájejte na malé kousky (1-2 cm) v závislosti na zelenině.

b) Rozehřejte olej a poté přidejte hořčičná semínka. Když prasknou, přidejte kmín, zázvor a zbývající koření.

c) Přidejte zeleninu a vařte. V tuto chvíli možná budete chtít smažit zeleninu, dokud není uvařená, nebo přidat trochu vody, přikrýt hrnec a dusit.

d) Když je zelenina uvařená, přidejte cukr, sůl, kokos a koriandr

92. Fazole Black Eye a kokosové kari

Ingredience

- ½ šálku černých fazolí, pokud možno naklíčených
- 2 šálky vody
- 1 polévková lžíce oleje
- 1 polévková lžíce hořčičných semínek
- 1 polévková lžíce semínek kmínu
- 1 polévková lžíce asafetida
- 1 polévková lžíce strouhaného zázvoru
- 5-6 kari listů
- 1 polévková lžíce kurkuma
- 1 polévková lžíce koriandrového prášku
- 2 rajčata – nakrájená
- 1-2 polévkové lžíce. pražený arašídový prášek
- Čerstvé lístky koriandru
- Čerstvý kokos, strouhaný
- Cukr a sůl podle chuti

Pokyny

a) Fazole namočte na 6 do vody-8 hodin nebo přes noc. Fazole uvaříme v tlakovém hrnci nebo uvaříme v hrnci.
b) Rozehřejte olej a přidejte hořčičná semínka. Když prasknou, přidejte semínka kmínu, asafetidu, zázvor, kari listy, kurkumu a koriandr. Přidejte opražený arašídový prášek a rajčata.
c) Přidejte fazole a vodu. Pokračujte v občasném míchání, dokud nebude důkladně uvařená.

d) V případě potřeby přidejte více vody. Podle chuti přidejte cukr a sůl, ozdobte lístky koriandru a kokosu.

e)

93. Kapustové kari

Ingredience

g) 3 šálky zelí-skartované

h) 1 lžička oleje

i) 1 lžička hořčičných semínek

j) 1 lžička semínek kmínu

k) 4-5 kari listů

l) Špetka kurkumy r volitelná

m) 1 lžička strouhaného zázvoru

n) Čerstvé lístky koriandru

o) Sůl pro chuť

p) Volitelné – ½ šálku zeleného hrášku

Pokyny

a) Rozehřejte olej a poté přidejte hořčičná semínka. Když prasknou, přidejte zbývající koření a vařte 30 sekund.

b) Přidejte zelí a další zeleninu, pokud používáte, za občasného míchání, dokud se důkladně neuvaří. V případě potřeby lze přidat vodu.

c) Podle chuti dosolíme a přidáme lístky koriandru.

94. Karfiolové kari

Ingredience

- 3 šálky květáku – nakrájíme na růžičky
- 2 rajčata-sekaný
- 1 lžička oleje
- 1 lžička hořčičných semínek
- 1 lžička semínek kmínu
- Špetka kurkumy
- 1 lžička strouhaného zázvoru
- Čerstvé lístky koriandru
- Sůl podle chuti
- Čerstvý nebo sušený kokos-skartované

Pokyny

- Rozehřejte olej a poté přidejte hořčičná semínka. Když prasknou, přidejte zbývající koření a vařte 30 sekund. Pokud používáte, přidejte v tomto okamžiku rajčata a vařte 5 minut.

- Přidejte květák a trochu vody, přikryjte a vařte za občasného míchání, dokud se důkladně neuvaří. Pokud chcete sušší kari, pak v posledních minutách sundejte poklici a smažte. Na posledních pár minut přidejte kokos.

95. Karfiolové a bramborové kari

Ingredience:

- 2 šálky květáku – nakrájíme na růžičky
- 2 středně velké brambory, nakrájené na kostičky
- 1 lžička oleje
- 1 lžička hořčičných semínek
- 1 lžička semínek kmínu
- 5-6 kari listů
- Špetka kurkumy-volitelný
- 1 lžička strouhaného zázvoru
- Čerstvé lístky koriandru
- Sůl podle chuti
- Čerstvý nebo sušený kokos – strouhaný
- Citronová šťáva - podle chuti

Pokyny

a) Rozehřejte olej a poté přidejte hořčičná semínka. Když prasknou, přidejte zbývající koření a vařte 30 sekund.

b) Přidejte květák a brambory s trochou vody, přikryjte a vařte za občasného míchání, dokud nejsou téměř uvařené.

Sundejte poklici a opékejte, dokud se zelenina neuvaří a voda se neodpaří. Přidejte kokos, sůl, lístky koriandru a citronovou šťávu.

Míchané zeleninové a čočkové kari

Ingredience:

- ¼ šálku toor nebo mung dal
- ½ šálku zeleniny – nakrájené na plátky
- 1 šálek vody
- 2 lžičky oleje
- ½ lžičky semínek kmínu
- ½ lžičky strouhaného zázvoru
- 5-6 kari listů
- 2 rajčata-sekaný
- Citron nebo tamarind podle chuti

- Jaggery podle chuti
- ½ soli nebo podle chuti
- Sambhar masala
- Listy koriandru
- Čerstvý nebo sušený kokos

Pokyny

a) Vařit společně toordal a zeleninu v tlakovém hrnci 15-20 minut (1 hvizd) nebo v hrnci.

b) V samostatné pánvi rozehřejte olej a přidejte kmín, zázvor a kari listy. Přidejte rajčata a vařte 3-4 minuty.

c) Přidejte směs sambhar masala a směs zeleniny dal.

d) Minutu společně povařte a poté přidejte tamarind nebo citron, jaggery a sůl. Vařit na 2-ještě 3 minuty. Ozdobte kokosem a koriandrem

96. Bramborové, květákové a rajčatové kari

Ingredience:

- 2 středně velké brambory, nakrájené na kostičky
- 1 1/2 šálku květáku, nakrájeného na růžičky
- 3 rajčata nakrájená na velké kousky
- 1 lžička oleje
- 1 lžička hořčičných semínek
- 1 lžička semínek kmínu
- 5-6 kari listů
- Špetka kurkumy-volitelný
- 1 lžička strouhaného zázvoru
- Čerstvé lístky koriandru
- Čerstvý nebo sušený kokos – strouhaný

Pokyny

f) Rozehřejte olej a poté přidejte hořčičná semínka. Když prasknou, přidejte zbývající koření a vařte 30 sekund.

g) Přidejte květák, rajče a brambory plus trochu vody, přikryjte a vařte za občasného míchání, dokud se neuvaří. Přidejte kokos, sůl a lístky koriandru.

97. Dýňové kari

Ingredience:

- 3 šálky dýně – nakrájené na 1-2 cm kousky
- 2 lžičky oleje
- ½ lžičky hořčičného semínka
- ½ lžičky semínek kmínu
- Špetka asafetida
- 5-6 kari listů
- ¼ lžičky semínek pískavice řecké seno
- 1/4 lžičky fenyklových semínek
- 1/2 lžičky strouhaného zázvoru
- 1 lžička tamarindové pasty
- 2 polévkové lžíce-suchý, mletý kokos
- 2 polévkové lžíce pražených mletých arašídů
- Sůl a hnědý cukr nebo jaggery podle chuti
- Čerstvé lístky koriandru

Pokyny

f) Rozehřejte olej a přidejte hořčičná semínka. Když prasknou, přidejte kmín, pískavici, asafetidu, zázvor, kari listy a fenykl. Vařte 30 sekund.

g) Přidejte dýni a sůl.

h) Přidejte tamarindovou pastu nebo vodu s dužinou uvnitř. Přidejte jaggery nebo hnědý cukr.

i) Přidejte mletý kokos a arašídový prášek. Vařte ještě pár minut.

j) Přidejte čerstvý nasekaný koriandr.

98. Smažte zeleninu

Ingredience:

- 3 šálky nakrájené zeleniny
- 2 lžičky strouhaného zázvoru
- 1 lžička oleje
- ¼ lžičky asafetida
- 1 polévková lžíce sójové omáčky
- Čerstvé bylinky

Pokyny

h) Na pánvi rozehřejte olej. Přidejte asafetidu a zázvor. Smažte 30 sekund.

i) Přidejte zeleninu, která se musí vařit nejdéle, jako jsou brambory a mrkev. Smažte minutu a poté přidejte trochu vody, přikryjte a vařte do poloviny.

j) Přidejte zbývající zeleninu, jako jsou rajčata, kukuřice a zelený pepř. Přidejte sójovou omáčku, cukr a sůl. Přikryjeme a dusíme téměř do uvaření.

k) Odstraňte víko a smažte ještě několik minut.

l) Přidejte čerstvé bylinky a nechte pár minut, aby se bylinky spojily se zeleninou.

99. Rajčatové kari

Ingredience:

- 250 g rajčat – nakrájených na kousky o délce jednoho palce
- 1 lžička oleje
- ½ lžičky hořčičného semínka
- ½ lžičky semínek kmínu
- 4-5 kari listů
- Špetka kurkumy
- Špetka asafetida
- 1 lžička strouhaného zázvoru
- 1 brambor – uvařený a rozmačkaný – volitelné – na zahuštění
- 1 až 2 polévkové lžíce praženého arašídového prášku
- 1 polévková lžíce suchého kokosu-volitelný
- Cukr a sůl podle chuti
- Listy koriandru

Pokyny

a) Rozehřejte olej a přidejte hořčičná semínka. Když prasknou, přidejte kmín, kari listy, kurkumu, asafetidu a zázvor. Vařte 30 sekund.

b) Přidejte rajčata a pokračujte v občasném míchání, dokud se neuvaří. Pro tekutější kari lze přidat vodu.

c) Přidejte pražený arašídový prášek, cukr, sůl a kokos, pokud používáte, plus bramborovou kaši. Vařte další minutu. Podávejte s lístky čerstvého koriandru.

100. Bílá tykev kari

Ingredience:

- 250 gramů bílé tykve
- 1 lžička oleje
- ½ lžičky hořčičného semínka
- ½ lžičky semínek kmínu
- 4-5 kari listů
- Špetka kurkumy
- Špetka asafetida
- 1 lžička strouhaného zázvoru
- 1 až 2 polévkové lžíce praženého arašídového prášku
- Hnědý cukr a sůl podle chuti

Pokyny

- Rozehřejte olej a přidejte hořčičná semínka. Když prasknou, přidejte kmín, kari listy, kurkumu, asafetidu a zázvor. Vařte 30 sekund.
- Přidejte bílou dýni, trochu vody, přikryjte a vařte za občasného míchání, dokud se neuvaří.
- Přidejte pražený arašídový prášek, cukr a sůl a vařte další minutu.

ZÁVĚR

Teplé, vydatné a snadno kombinovatelné, zútulnění jedním z těchto pokrmů je prostě tak uspokojující. Hlavní rozdíl mezi polévkou a polévkou je v množství tekutiny, kterou obsahují. Zatímco polévky obsahují dostatek tekutiny na vaření, aby naplnily misku a umožnily ingrediencím plavat, polévky obsahují jen trochu tekutiny na vaření, aby se ostatní ingredience uvařily. Chilli se považuje za typ polévky kvůli svému nízkému obsahu tekutiny a obvykle se vyrábí z chilli nebo chilli prášku.

www.ingramcontent.com/pod-product-compliance
Lightning Source LLC
Chambersburg PA
CBHW070646120526
44590CB00013BA/846